Die schönsten Gespenstergeschichten

Die schönsten Gespenster Geschichten

Herausgegeben
von Kitty Heeman

Loewe

Bibliografische Information Der Deutschen Bibliothek

Die Deutsche Bibliothek verzeichnet diese Publikation
in der Deutschen Nationalbibliografie;
detaillierte bibliografische Daten sind im Internet
über http://dnb.ddb.de abrufbar.

Der Umwelt zuliebe ist dieses Buch
auf chlorfrei gebleichtem Papier gedruckt.

ISBN 3-7855-4658-0 – 1. Auflage 2003

Bereits 1995 im Loewe Verlag erschienen.
Umschlagillustration: Eva Möhle
Umschlaggestaltung: Andreas Henze
Gesamtherstellung: GGP Media, Pößneck
Printed in Germany

www.loewe-verlag.de

Inhalt

Vorwort

Macht es euch bequem, dämpft das Licht ein wenig – und dann fürchtet euch nicht. Die Geschichten in diesem Buch sollen euch keine Angst einjagen. Sie wollen vielmehr jenes Gruseln heraufbeschwören, das einem eine angenehme Gänsehaut über den Rücken jagt. Ein Gruseln, das man gern empfindet, solange man die Gewissheit hat, dass all das Unheimliche, all das Gespenstische und Unerklärliche, worüber man da liest, wirklich nur Geschichten sind ohne Anspruch auf Wahrheitsgehalt.

Lasst euch entführen in die Welt der Gespenster und des Spuks, eine Welt, die zu allen Zeiten und in allen Ländern die Menschen fasziniert hat. Die berühmtesten Dichter und Autoren haben sich mit den geheimnisvollen Wesen und unerklärlichen Vorgängen, die nicht mit dem Verstand zu erklären sind, beschäftigt.

Manche von ihnen, wie beispielsweise Edgar Allan Poe, sind gerade durch ihre unheimlichen Geschichten berühmt geworden.

Bis in unsere Zeit haben Gespenstergeschichten nichts von ihrem Reiz verloren und regen auch heute noch die Fantasie vieler Autoren an. Da kehren längst Verstorbene um die Geisterstunde in menschlicher Gestalt an den Ort eines Verbrechens zurück, wie in Algernoon Blackwoods Erzählung *Geheimnis im Zimmer nebenan.* Da werden Ermordete zu Schutzengeln der Lebenden, wie in W. F. Harveys *Nacht über dem Moor.* Da verliebt sich ein Gespenst in einen Menschen und sucht ihn aus Liebe jede Nacht heim, wie in Enid Bagnolds *Das verliebte Gespenst.*

Doch auch aus früheren Jahrhunderten finden sich zahllose Spukgeschichten, die dem Leser auch heute noch kalte Schauer über den Rücken jagen. Da gibt es Geister, die um Mitternacht durch Schlösser spuken und ihre Bewohner zu Tode erschrecken, wie in Heinrich von Kleists berühmter Erzählung *Das Bettelweib von Locarno.* Da erheben sich die Mönche eines Klosters in jeder Gründonnerstagnacht aus dem Grab, um so Gott um Vergebung für ihre Sünden zu bitten, wie in Gustavo Adolfo Becquers spannender Geschichte *Das Miserere,* und so weiter und so weiter.

Neunundzwanzig Geschichten, Sagen und Erzählungen um Furcht einflößende Gespenster, geheimnisvollen Spuk und unerklärliche Geschehnisse – da lässt das Gruseln nicht lange auf sich warten, und die berühmte Gänsehaut kommt von ganz allein.

Und nun – gute Nerven und viel Spaß bei der Lektüre.

Kitty Heeman

JAPANISCHES MÄRCHEN

Der Junge, der immer Katzen zeichnete

Vor sehr langer Zeit lebten in einem kleinen Dorf in Japan ein armer Bauer und sein Weib. Sie hatten einige Kinder zu füttern, und das war nicht leicht, obwohl die Kinder bei der Arbeit mithalfen. Der Älteste war ein kräftiger Junge von vierzehn Jahren, der ging dem Vater zur Hand, und die kleinen Mädchen halfen der Mutter, kaum dass sie laufen gelernt hatten. Das jüngste Kind war wieder ein Junge. Als er heranwuchs, wurde es bald klar, dass er für grobe Arbeit nicht zu gebrauchen war. Der Junge war sehr klug, viel klüger als seine Geschwister; aber er war klein und schmächtig. Er wird nie groß und stark, sagten die Leute. Da beschlossen die Eltern, der Junge solle kein Bauer werden, sondern ein Priester.

Eines Tages brachten sie ihn zum Dorftempel und fragten den alten Priester, der dort lebte, ob er nicht einen Gehilfen bräuchte. Sie baten, der Priester möge ihr Kind all das lehren, was ein Priester wissen muss.

Der alte Mann redete den kleinen Burschen freundlich an und stellte ihm einige schwere Fragen. So klug waren die Antworten des Jungen, dass der Alte ihn bei sich behielt, um ihn zum Priester zu erziehen.

Der junge Tempelschüler begriff schnell, was der alte Priester ihn lehrte, und war in allem gehorsam, nur in einem nicht: Obwohl der Priester es ihm jedes Mal verwies, zeichnete er immerzu Katzen. Er zeichnete sie während des Unterrichts, und er zeichnete sie überallhin, wo er nur Platz fand, auch dorthin, wo Katzen keinesfalls hingehören.

Wann immer er allein war, zeichnete er Katzen. Er zeichnete sie in die heiligen Bücher und auf die Wände und Säulen des Tempels. Der alte Priester ermahnte ihn, aber der Junge hörte nicht auf, Katzen zu zeichnen. Er konnte einfach nicht anders, er war wie besessen von dem Zwang zu zeichnen. Aus ebendiesem Grund eignete er sich nicht zum Tempelschüler, so klug er auch war. Denn ein Tempelschüler soll Bücher studieren und nicht Katzen zeichnen.

Eines Tages, als der Junge ein paar besonders schöne Katzen auf eine Papierwand gemalt hatte, sagte der alte Priester streng: „Mein Junge, du musst fort aus dem Tempel. Aus dir wird vielleicht einmal ein großer Künstler, aber nie ein guter Priester. Einen Rat will ich dir auf deinen Weg noch mitgeben, und versprich mir, dass du ihn nie vergessen wirst. Schlaf nachts nie dort, wo viel Platz ist. Schlaf dort, wo es klein und eng ist."

Der Junge grübelte über den Sinn dieser Worte nach, während er seine Habseligkeiten in ein Bündel packte, aber er konnte keine Erklärung finden, und den alten Priester wollte er nicht fragen. Er sagte ihm nur noch Lebewohl, dann wanderte er fort.

Langsam ging er die Straße entlang und überlegte, was er nun beginnen sollte. Nach Hause zu gehen, wagte er nicht. Er würde gewiss Prügel von seinem Vater bekommen, weil er dem alten Priester ungehorsam gewesen war. Aber wohin sollte er sonst gehen?

Endlich fiel ihm ein, dass es im nächsten Dorf, zwölf Meilen entfernt, einen sehr großen Tempel gab. Er beschloss, dorthin zu wandern und die Priester des fremden Dorfes zu fragen, ob sie nicht einen Tempelgehilfen brauchten.

Dieser große Tempel war aber von allen Bewohnern verlassen. Ein schreckliches Gespenst hatte die Priester vertrieben und den Tempel in Besitz genommen. Mehrere tapfere Männer hatten schon nachts im Tempel gewacht und versucht, das Gespenst zu töten, aber man hatte sie lebend nicht wiedergesehen. Von alldem wusste der Junge nichts. So wanderte er dem fremden Dorf entgegen und hoffte, die Priester würden ihn freundlich aufnehmen.

Als er das Dorf erreichte, war es schon dunkel, und alle Dorfbewohner schliefen bereits. Der Tempel stand auf einem Hügel, die Straße führte geradewegs auf ihn zu. Der Junge sah, dass im Tempel Licht brannte. Die Leute im Dorf behaupteten, das Gespenst zünde jede Nacht ein Licht an, um müde Wanderer anzulocken, die ein Obdach suchten.

Der Junge ging auf den Tempel zu und klopfte. Alles blieb still. Er klopfte stärker, nichts rührte sich. Niemand kam, um zu öffnen. Endlich drückte er sacht gegen die Tür. Sie war unverschlossen. Der Junge atmete auf und trat ein. Die Lampe brannte, aber nirgends war ein Priester zu sehen.

„Es wird schon einer kommen", dachte der Junge und setzte sich und wartete. Als er eine Weile so gesessen hatte, bemerkte er, dass alles im Tempel, Fußboden und Säulchen und Geräte, mit einer dicken Staubschicht überzogen und voll von Spinnweben war. Er dachte, unter solchen Umständen würden die Priester gewiss einen Tempelgehilfen brauchen, der den Tempel sauber hielt. Er hätte gern gewusst, warum sie es zuließen, dass das Heiligtum so verstaubte. Was dem Jungen aber im Tempel am besten gefiel, waren die glatten weißen Wände. Sie schienen ihm nur dazu da, um Katzen darauf zu malen.

Obwohl er müde war, sah er sich nach Pinsel und Tusche um und begann, Katzen zu malen. Er malte viele, viele Katzen an die Wand, dann wurde er plötzlich sehr schläfrig. Eben wollte er sich neben einer mit Katzen bemalten Wand schlafen legen, als ihm die Worte des alten Priesters einfielen: Schlaf nachts nie dort, wo viel Platz ist, schlaf dort, wo es klein ist und eng!

Der Tempel war sehr groß; der Junge war ganz allein. Jetzt, da er an die Worte seines Lehrers dachte, fühlte er zum ersten Mal Angst. Er konnte den Sinn der Worte zwar noch immer nicht verstehen, aber er beschloss, sich nach einem kleinen, engen Schlafplatz umzusehen. Endlich fand er ein Kämmerchen mit einer Schiebetür. Er schlüpfte hinein und schob die Tür zu. Dann legte er sich nieder und schlief bald ein.

Spät nachts erwachte er von einem entsetzlichen Lärm, von einem fürchterlichen Quietschen, Jaulen, Fauchen und Kampfgeschrei. Der Junge wagte nicht einmal, durch eine Ritze aus der Kammer zu spähen. Er lag nur ganz still und hielt den Atem an.

Das Licht erlosch. Die entsetzlichen Geräusche schwollen an, der ganze Tempel ächzte und schwankte. Nach endlos langer Zeit wurde es still. Der Junge wagte es noch immer nicht, sich zu rühren. Reglos lag er, bis das Licht der Morgensonne durch die Türritzen in die kleine Kammer fiel.

Da schlich der Junge vorsichtig aus seinem Versteck und blickte sich um. Der Tempelboden war voll Blut. Und in der Mitte lag eine riesenhafte Ratte – eine Gespensterratte, ein Rattengespenst –, größer als eine Kuh!

Aber wer konnte dieses Untier getötet haben? Kein Mensch, kein anderes Geschöpf war in der Nähe! Plötzlich bemerkte der Junge, dass seine Katzen an der Wand blutverschmierte Mäuler hatten. Nun wusste er, dass die Katzen, die er gezeichnet hatte, seine Katzen, das Gespenst getötet hatten. Und er verstand zum ersten Mal den Rat des weisen alten Priesters, der gesagt hatte: Schlaf nachts nie dort, wo viel Platz ist, schlaf dort, wo es klein ist und eng.

Später wurde der Junge ein berühmter Künstler. Manche der Katzen, die er gezeichnet hat, werden heute noch den Reisenden in Japan gezeigt.

M.R. James

Eine Schulgeschichte

Zwei Männer saßen in einem Rauchzimmer und sprachen von ihrer Schulzeit. „An unserer Schule", sagte A., „war im Treppenhaus der Fußabdruck eines Gespenstes zu sehen. Wie er aussah? Oh, er hatte nichts Besonderes an sich . Man erkannte die Form eines Schuhes mit eckiger Kappe, wenn ich mich recht erinnere. Die Treppe war aus Stein. Ich habe nie eine Geschichte über diesen Fußabdruck gehört. Das erscheint seltsam, wenn man es sich überlegt. Ich frage mich, warum niemand eine erfand."

„Bei Jungen kann man nie etwas sagen. Sie haben ihre eigene Mythologie. Das wäre übrigens ein Thema: ‚Der Volksglaube an den Privatschulen'."

„Ja, nur wäre der Ertrag recht dürftig. Ich glaube, wenn man Untersuchungen über die Gespenstergeschichten anstellte, die an den Privatschulen umlaufen, würde sich zeigen, dass sie alle stark verkürzte Fassungen von Geschichten aus Büchern sind."

„Heutzutage würde man da wohl vor allem auf den ‚Strand' und ‚Pearson's' und Ähnliches zurückgreifen."

„Gewiss! Zu meiner Zeit gab es die freilich noch nicht. Aber lassen Sie mich sehen, ob ich mich an die gängigsten Geschichten noch erinnere, die ich als Kind gehört habe. Da ist einmal das Haus, in dem mehrere Leute unbedingt die Nacht verbringen wollten, und am Morgen fand man sie alle in irgendeiner Ecke knien, und sie konnten gerade noch sagen: ‚Ich habe es gesehen', und dann starben sie."

„War das nicht das Haus am Berkeley Square?"

„Ich glaube, ja. Dann war da der Mann, der in der Nacht ein Geräusch auf dem Flur hörte, die Tür öffnete und jemand auf allen vieren auf sich zukriechen sah, dessen herausgequollene Augen bis über die Wangen herunterhingen. Dann gab es ... einen Augenblick – ja, das Zimmer, in dem man einen Mann tot in seinem Bett fand mit einem Hufabdruck auf seiner Stirn, und auch der Boden unter seinem Bett war voller Hufabdrücke – warum, weiß ich nicht. Von einer Frau schließlich erzählte man, dass sie in einem fremden Haus, nachdem sie die Tür ihres Zimmers abgeschlossen hatte, hinter den Bettvorhängen eine leise Stimme sagen hörte: ‚Jetzt sind wir zusammen für die Nacht eingeschlossen.' Zu keiner dieser Geschichten gab es irgendeine Erklärung, und sie hatten auch keine Fortsetzung. Es würde mich interessieren, ob sie immer noch umlaufen."

„Oh, wahrscheinlich – mit Ergänzungen aus den Zeitschriften, wie ich schon sagte. Sie haben nie von einem Gespenst in einer Privatschule gehört? Nein? Ich dachte es mir. Ich habe noch niemanden getroffen, der von so etwas gehört hätte."

„Aus Ihrem Ton schließe ich, dass Sie eine solche Geschichte wissen."

„Ich kann es wirklich nicht sagen, aber lassen Sie mich erzählen, was mir gerade durch den Kopf ging. Es geschah an meiner Schule vor dreißig Jahren, und ich habe keine Erklärung dafür.

Die Schule war in der Nähe von London. Sie war in einem großen, ziemlich alten Haus untergebracht, einem weißen, stattlich anzusehenden Gebäude inmitten von schönen Liegenschaften. Im Garten standen, wie in so vielen alten Gärten im Themsetal, große Zedern, und auf den drei oder vier Feldern, auf denen wir unsere Spiele austrugen, alte Ulmen. Ich vermute, dass es ein sehr schöner Platz war, aber Jungen geben selten zu, dass ihre Schule auch den einen oder anderen Vorzug hat.

Ich kam Anfang der siebziger Jahre an die Schule. Es war im September. Unter den Jungen, die gleichzeitig mit mir eintraten, war einer, an den ich mich anschloss. Er stammte aus dem schottischen Hochland, und ich will ihn McLeod nennen. Ich kann es mir schenken, ihn zu beschreiben. Wichtig ist nur, dass ich ihn sehr gut kennen lernte. Er ragte in keiner Weise hervor und war weder im Lernen noch im Spielen sehr gut, aber er gefiel mir. Die Schule war groß, sie muss gewöhnlich 120 bis 130 Jungen gehabt haben. So brauchte man auch eine beträchtliche Anzahl von Lehrern, die ziemlich oft wechselten.

In meinem dritten oder vierten Semester bekamen wir einen neuen Lehrer, der Sampson hieß. Er war groß, kräftig, blass und hatte einen schwarzen Bart. Ich glaube, wir mochten ihn. Er war viel herumgereist und wusste eine Menge Geschichten, die er uns auf unseren Schulwanderungen erzählte, sodass wir uns geradezu darum stritten, in seine Nähe zu kommen. Ich erinnere mich auch – daran hab ich seither kaum mehr gedacht –, dass er an seiner Uhrkette eine Berlocke hatte, auf die ich einmal aufmerksam wurde, worauf er sie mir zum Anschauen gab. Ich glaube, es war eine byzantinische Goldmünze. Auf der einen Seite war irgendein Kaiser abgebildet, die andere war schon völlig abgegriffen; auf ihr hatte er barbarischerweise die Anfangsbuchstaben seines Namens, G. W. S., eingeritzt sowie ein Datum, den 24. Juli 1865. Ja, ich sehe sie jetzt wieder deutlich vor mir. Er erzählte mir, er habe sie aus Konstantinopel mitgebracht. Sie hatte etwa die Größe eines Florins, vielleicht war sie aber auch viel kleiner.

Doch lassen Sie mich zu dem ersten seltsamen Ereignis kommen. Sampson trieb lateinische Grammatik mit uns. Er liebte es, was vielleicht eine ganz gute Methode ist, uns selbstständig für die Regeln, die er uns beizubringen suchte, Beispielsätze bauen zu lassen. Das ist natürlich für einen nichtsnutzigen Schlingel eine ausgezeichnete Gelegenheit, freche Witze zu machen. Viele Schulgeschichten erzählen davon – oder könnten jedenfalls davon erzählen. Aber bei Sampson herrschte eine zu gute Disziplin, als dass einer von uns jemals so etwas bei ihm gewagt hätte. Nun, in der betreffenden Stunde erklärte er uns, wie man ‚sich erinnern' im Lateinischen wiedergibt, und dann musste jeder von uns einen Satz mit ‚memini', ‚ich erinnere mich', bilden. Die meisten von uns schrieben irgendeinen Allerweltssatz wie ‚Ich erinnere mich an meinen Vater' oder ‚Er erinnert sich an das Buch' oder sonst etwas Nichtssagendes. Ich vermute, dass eine ganze Menge ‚memino librum meum' und ähnlichen Unsinn schrieb. McLeod aber, der Junge, von dem ich sprach, dachte offensichtlich an etwas Anspruchvolleres. Wir andern wollten mit den Sätzen fertig werden, um zu etwas Neuem zu kommen, und so stießen einige unter der Bank mit dem Fuß nach ihm, und ich als Nächster gab ihm einen Rippenstoß und flüsterte ihm zu, er solle sich beeilen. Aber er schien nicht darauf zu achten. Ich schaute auf sein Blatt und sah, dass er überhaupt noch nichts hingeschrieben hatte.

Ich stieß ihn nochmals an, stärker als vorher, und hielt ihm ärgerlich vor, dass er uns alle warten ließ. Das wirkte. Er fuhr hoch und schien aufzuwachen, und nun kritzelte er ganz schnell ein paar Zeilen auf sein Blatt und zeigte es mit den übrigen vor. Da er der Letzte oder fast der Letzte war und da Sampson den Schülern, die ‚meminiscimus patri meo' und Ähnliches geschrieben hatten, eine Menge zu sagen hatte, wurde es zwölf Uhr, bevor er zu McLeod kam, und McLeod musste noch dableiben, um seinen Satz korrigiert zu bekommen. Draußen war nicht viel los, als ich hinaustrat, und so wartete ich auf ihn. Als er endlich nachkam, ging er sehr langsam auf mich zu, sodass ich vermutete, es hatte etwas gegeben. ‚Nun', sagte ich, ‚was hast du bekommen?' – ‚Oh, ich weiß nicht', antwortete er, ‚es mag's tun, aber ich glaube, Sampson ist nun ziemlich schlecht auf mich zu sprechen.' – ‚Wieso? Hast du ihn auf den Arm genommen?' – ‚Keine Angst', sagte er, ‚nach meinem Gefühl war der Satz durchaus in Ordnung. Ich hatte geschrieben: ‚Memento' – das heißt doch ‚sich erinnern' und hat den Genitiv nach sich –, ‚memento putei inter quatuor taxos' – ‚Was für ein dummes Zeug!', sagte ich. ‚Wie kamst du denn darauf? Was heißt es überhaupt?' – ‚Das ist ja eben das Seltsame daran', antwortete McLeod, ‚ich bin mir nicht ganz sicher, was es heißt. Ich weiß nur, dass es mir einfach so durch den Kopf schoss, und dann warf ich es aufs Papier. Ich glaube zu wissen, was es heißt, denn gerade bevor ich es hinschrieb, tauchte eine Art Bild davon in meinem Kopf auf. Ich glaube, es bedeutet: ‚Erinnere dich an den Brunnen zwischen den vier' – wie heißen doch gleich diese dunklen Bäume mit den roten Beeren?' – ‚Du meinst wohl die Ebereschen.' – ‚Diesen Namen habe ich noch nie gehört', sagte McLeod, ‚nein, ich weiß es jetzt – Eiben.' – ‚Na gut, und was sagte Sampson dazu?' – ‚Oh, der machte vielleicht so ein komisches Getue! Als er es gelesen hatte, stand er auf und ging zum Kamin und blieb dort eine ganze Zeit stehen, mit dem Rücken zu mir und ohne ein Wort zu sagen. Und dann sagte er, ohne sich umzudrehen und ganz ruhig: ‚Weißt du, was das heißt?' Ich sagte es ihm, nur konnte ich mich nicht an den Namen dieses dummen Baumes erinnern. Dann wollte er wissen, wieso ich das geschrieben hatte, und ich musste irgendetwas sagen. Und dann sprach er nicht mehr darüber, sondern fragte mich, wie lange ich schon hier sei und wo meine Eltern wohnten und Ähnliches. Endlich konnte ich mich aus dem Staub machen, aber das Ganze scheint ihn ziemlich mitgenommen zu haben.'

Ich kann mich nicht daran erinnern, was sonst noch zwischen uns über die Sache gesprochen wurde. Am nächsten Tag musste sich McLeod mit einer Erkältung oder etwas Ähnlichem ins Bett legen, und er kam erst nach einer Woche oder mehr wieder in die Schule. Ein Monat verging, ohne dass sich etwas Bemerkenswertes ereignete. Mr Sampson ließ nicht erkennen, ob er, wie McLeod angenommen hatte, wirklich erschrocken war oder nicht. Ich bin heute ziemlich sicher, dass es in seiner Vergangenheit ein Geheimnis gegeben hatte, aber ich will nicht vorgeben, dass wir Jungen so viel Scharfsinn besaßen, etwas in der Art zu vermuten.

Es ereignete sich noch ein anderer Vorfall von derselben Art wie der eben erzählte. Wir hatten seit jenem Tag noch mehrere Male Beispielsätze für verschiedene Regeln finden müssen, aber es hatte nie mehr etwas gegeben, außer wenn wir sie falsch machten. Eines Tages schließlich kamen wir zu dem Kapitel der Bedingungssätze, das allen Lateinschülern in schrecklicher Erinnerung ist, und wir mussten einen Bedingungssatz machen, der eine zukünftige Folge ausdrückte. Wir machten ihn, richtig oder falsch, und wiesen unsere Blätter vor, und Sampson begann, sie durchzuschauen. Plötzlich sprang er auf, gab einen seltsamen Laut von sich und stürzte zur Tür hinaus, die gleich neben seinem Pult war. Wir saßen ein oder zwei Minuten da, und dann – ich glaube, es war nicht richtig, aber ich und ein oder zwei andere standen auf, um einen Blick in die Blätter zu werfen, die auf seinem Pult lagen. Ich dachte natürlich, dass einer von uns irgendeinen Unsinn geschrieben hatte und Sampson fortgegangen war, ihn zu melden. Ich stellte aber fest, dass er keine der Arbeiten mitgenommen hatte. Das oberste Blatt auf dem Pult jedoch war mit roter Tinte geschrieben, die doch niemand von uns benutzte, und die Schrift war von keinem, der in der Klasse war. Alle schauten es sich an – McLeod und die anderen – und schworen heilige Eide, dass es nicht von ihnen war. Dann kam ich auf den Gedanken, die Blätter zu zählen, und nun stellte sich heraus, dass siebzehn Blätter auf dem Pult lagen, während wir nur sechzehn Schüler in der Klasse waren. Ich steckte das überzählige Blatt ein und hob es auf – ich glaube, ich hab es sogar dabei. Und nun möchten Sie wohl gerne wissen, was darauf geschrieben stand. Es war ganz einfach und harmlos, würde ich sagen: ‚Si tu non veneris ad me, ego veniam ad te', was meines Wissens so viel heißt wie ‚Wenn du nicht zu mir kommst, werde ich zu dir kommen.'"

„Könnten Sie mir das Blatt zeigen?", unterbrach ihn sein Zuhörer.

„Ja, aber da ist noch ein seltsamer Umstand zu erwähnen. Als ich es am selben Nachmittag aus meinem verschlossenen Schrank nahm, da war nicht die winzigste Spur irgendeiner Schrift mehr darauf zu sehen. Ich bin sicher, dass es dasselbe Blatt war, denn ich hatte den Abdruck eines Fingers darauf hinterlassen. Ich hob es, wie gesagt, auf, und ich habe seitdem verschiedene Versuche gemacht, um festzustellen, ob für die Schrift eine Geheimtinte verwendet worden war, aber es war alles vergeblich.

Nun, so viel darüber! Nach etwa einer halben Stunde kam Sampson wieder herein, sagte, dass ihm schlecht gewesen sei, und entließ uns. Mit zögernden Schritten näherte er sich seinem Pult und warf einen kurzen Blick auf das oberste Blatt. Er glaubte wohl, geträumt zu haben, denn er stellte keinerlei Fragen.

Am Nachmittag war schulfrei, und tags darauf war Sampson wieder in der Schule, ganz wie gewöhnlich. In der darauf folgenden Nacht ereignete sich dann der dritte und letzte Vorfall in meiner Geschichte.

McLeod und ich schliefen in einem Schlafsaal, der im rechten Winkel zu dem Hauptgebäude lag. Sampson schlief im Hauptgebäude im ersten Stock. Es war leuchtender Vollmond. Zwischen ein und zwei Uhr, genau kann ich es nicht sagen, wachte ich plötzlich auf. Jemand hatte mich geschüttelt. Es war McLeod; er schien ziemlich aufgeregt zu sein. ‚Komm! Komm!', sagte er. ‚Ein Einbrecher steigt in Sampsons Fenster.' Als ich wieder sprechen konnte, sagte ich: ‚Warum schreien wir nicht und wecken alle auf?' ‚Nein, nein', antwortete er, ‚ich weiß nicht, wer es ist. Mach keinen Lärm! Komm und schau!' Natürlich kam ich und schaute, und natürlich war niemand zu sehen. Ich war ziemlich wütend und hätte McLeod eine Menge Namen gegeben, wenn ich nur nicht das Gefühl gehabt hätte, dass trotzdem etwas nicht stimmte. Ich hätte nicht sagen können, woher dieses Gefühl kam, aber ich war froh, dass ich nicht allein war. Wir schauten immer noch zum Fenster hinaus, und schließlich fragte ich ihn, was er gesehen oder gehört hatte. ‚Gehört habe ich überhaupt nichts', sagte er, ‚aber etwa fünf Minuten bevor ich dich weckte, stand ich plötzlich an diesem Fenster hier. Ich schaute hinaus, und da saß oder kniete auf Sampsons Fensterbrett ein Mann und blickte ins Zimmer hinein, und mir schien, er winke Sampson zu sich.' – ‚Was für ein Mann?' McLeod wand sich. ‚Ich weiß es nicht', sagte er, ‚aber etwas kann ich dir sagen: Er war schrecklich dürr, und er schien bis auf die Haut durchnässt. Und', er blickte sich um und begann zu flüstern, als wollte er seine eigenen Worte nicht hören – ‚ich bin nicht sicher, ob er noch lebte.'

Wir flüsterten noch eine Weile miteinander, schließlich krochen wir wieder ins Bett. Niemand im Saal war aufgewacht oder hatte sich gerührt. Ich glaube, wir schliefen bald darauf wieder ein, aber am nächsten Tag waren wir ziemlich durchgedreht.

Und am nächsten Tag war Mr Sampson plötzlich verschwunden, unauffindbar, und ich glaube, es hat sich seither keinerlei Spur mehr von ihm gezeigt …

Wenn ich über die ganze Geschichte so nachdenke, scheint mir einer der seltsamsten Umstände darin zu liegen, dass weder McLeod noch ich zu irgendjemandem davon sprachen, was wir damals erlebt hatten. Natürlich wurden wir Schüler über die Sache nicht befragt, aber wenn das geschehen wäre, so hätten wir wohl keine Antwort geben können: Es schien uns unmöglich, darüber zu sprechen.

Ja, das ist also meine Geschichte", sagte der Erzähler, „die einzige mir bekannte Gespenstergeschichte, die mit einer Schule verknüpft ist. Vielleicht nur so etwas Ähnliches wie eine Gespenstergeschichte, aber immerhin."

Die Fortsetzung mag man als recht herkömmlich empfinden, aber es gibt eine Fortsetzung, und so darf ich sie nicht unterschlagen. Die Geschichte hatte mehr als nur *einen* Zuhörer gefunden, und im Winter desselben oder des folgenden Jahres hielt sich einer von ihnen in einem Landhaus in Irland auf. Eines Abends kehrte sein Gastgeber im Rauchzimmer eine Schublade voll Kleinkram zuoberst. Plötzlich legte er seine Hand auf ein Schächtelchen und sagte: „Sie kennen sich doch mit alten Dingen aus! Sagen Sie mal: Was ist das?" Mein Freund öffnete das Schächtelchen und fand darin eine dünne Goldkette mit einem Anhänger. Er betrachtete den Anhänger und nahm dann seine Brille ab, um ihn sich genauer anzusehen. „Was ist seine Vergangenheit?", fragte er. „Oh, die ist höchst seltsam", war die Antwort, „Sie kennen doch das Eibendickicht in unserer Buschpflanzung. Nun, vor ein oder zwei Jahren räumten wir den alten Brunnen aus, der dort seit Menschengedenken stand, und was, glauben Sie, fanden wir?"

„Sollten Sie einen menschlichen Körper gefunden haben?", fragte der Besucher mit einem seltsamen, ängstlichen Gefühl.

„Ja, und mehr als das, ganz wörtlich verstanden, denn wir fanden zwei."

„Guter Gott! Zwei? Gab es irgendwelche Anzeichen dafür, wie sie dorthin gelangt waren? Wurde das hier bei ihnen gefunden?"

„Ja, unter den Kleiderfetzen, die an einem der beiden

Leichname noch dranhingen. Es war eine schlimme Sache für uns, was auch immer hinter dem Fund stecken mochte. Einer der Körper hatte seine Arme eng um den andern geschlungen. Sie mussten schon dreißig oder mehr Jahre dort gelegen haben, als wir sie entdeckten. Sie können sich vorstellen, mit welcher Eile wir den Brunnen auffüllten. Aber können Sie mit den Schriftzeichen auf der Goldmünze etwas anfangen?"

„Ich glaube schon", sagte mein Freund und hielt sie ans Licht (er las sie aber ohne jede Schwierigkeit), „sie lauten: ‚G. W. S., 24. Juli 1865'."

Enid Bagnold

Das verliebte Gespenst

Es war an einem Sommermorgen, gegen fünf Uhr. Die Vögel, die schon um drei erwacht waren, hatten sich längst verstreut und hüpften geschäftig hin und her. Das weiße, schlichte Haus mit seinen grünen Fensterläden stand glänzend inmitten des taunassen Rasens, während sein Besitzer durch das Gras auf und nieder ging. Seine schweren Gummistiefel hinterließen dunkle Flecken auf dem schimmernden Tau. Sein Haar war ungekämmt, und unter dem Mantel trug er nur einen Schlafanzug. Bei jeder Wendung am Ende der Rasenfläche blickte er zu einem bestimmten Fenster hoch; es gehörte zum Schlafzimmer, das er mit seiner Frau teilte. Wie bei den anderen Fenstern des Hauses waren die grünen Fensterläden gegen die Mauer zurückgelegt, und die cremefarbenen Vorhänge fielen in schweren Falten herunter.

Der Besitzer des Hauses, der seltsamerweise in diesem Aufzug unbehaglich auf seinem Rasen hin und her ging, anstatt bequem im Bett zu liegen, rieb seine kalten Hände und setzte seine Wanderung fort. Er hatte keine Uhr an seinem Handgelenk, aber als die Uhr über dem Stall sechs schlug, betrat er das Haus und ging durch die stille Diele hinauf in das Badezimmer. Das abgestandene Wasser in der Leitung war von der Nacht vorher noch lauwarm, als er ein Bad nahm. Wie er aus dem Badezimmer in sein Ankleidezimmer ging, hörte er das erste Hausmädchen in den darunter liegenden Wohnräumen, und um sieben Uhr läutete er nach seinem Butler, damit er ihm die Kleidungsstücke zurechtlegte.

Da sich das Gleiche schon am Tag vorher ereignet hatte, war der Butler halbwegs auf das Läuten vorbereitet; gähnend und entrüstet, aber fertig angezogen.

„Guten Morgen", sagte Mr Templeton ziemlich unerwartet. Diesen Gruß pflegte er sonst nie zu geben, aber er wünschte die Qualität seiner Stimme zu prüfen. Da er sie ruhig und sicher fand, sprach er weiter und gab Anordnung, eine Melone aus dem Gewächshaus zu holen.

Beim Frühstück hatte er nur geringen Appetit, und als er die Melone gegessen hatte, faltete er die Zeitung auseinander. Die Tür des Esszimmers öffnete sich, und das Serviermädchen und das Hausmädchen traten ein und sprachen ihre Kündigung aus.

„Einen Monat von heute, Sir", wiederholte das Serviermädchen, um das nachfolgende Schweigen zu überbrücken.

„Damit habe ich nichts zu tun", sagte er mit leiser Stimme. „Eure Herrin kommt heute Abend nach Hause. Das müsst ihr schon ihr sagen."

„Was ist nur in diese Mädchen gefahren?", fragte Mr Templeton den Butler, der gerade hereinkam.

„Sie haben mir nichts erzählt, Sir", log dieser; „aber ich nehme an, dass etwas sie aus der Fassung gebracht hat."

„Weil ich es vorzog, an einem Sommermorgen früh aufzustehen?", fragte Mr Templeton mit Anstrengung.

„Ja, Sir. Und es gibt noch andere Gründe."

„Und die wären?“

„Das Hausmädchen“, sagte der Butler mit einer Gleichgültigkeit, als ob er über die Bewegungen einer Fliege spräche, „hat Ihr Schlafzimmer mit Kleidungsstücken übersät gefunden.“

„Mit meinen Kleidern?“, fragte Mr Templeton.

„Nein, Sir.“

Mr Templeton setzte sich. „Ein Nachthemd?“, fragte er mit schwacher Stimme, als ob er an das Verständnis des anderen appellierte.

„Ja, Sir.“

„Mehr als eins?“

„Zwei, Sir.“

„Großer Gott!“, sagte Mr Templeton und ging nervös pfeifend ans Fenster.

Der Butler räumte leise den Tisch ab und verließ das Zimmer.

„Es lässt sich nicht leugnen“, murmelte Mr Templeton. „Sie hat sich ausgezogen … hinter dem Sessel.“

Wenig später ging er durch seine beiden Felder und durch das Wäldchen. Er wollte mit Mr George Casson sprechen. Aber George war nicht zu Hause. Er war für den ganzen Tag nach London gefahren, und angesichts der Morgensonne auf der glänzenden Haustür, des adretten Hausmädchens und des nüchternen Anblicks der gefalteten „Morning Post“ auf dem Dielentisch war Mr Templeton eigentlich ganz zufrieden, dass er niemandem seine unglaubwürdige Geschichte anzuvertrauen brauchte. Erfrischt und gestärkt von der Luft und dem Spaziergang kam er nach Hause.

„Ich werde mit Hettie telefonieren“, beschloss er, „und mich vergewissern, dass sie heute Abend zurückkommt.“

Er rief also seine Frau an, erzählte ihr, dass es ihm gut ginge, dass alles in Ordnung wäre, und hörte mit Genugtuung, dass sie heute Nacht nach ihrer Abendgesellschaft mit dem Elf-Uhr-dreißig-Zug abfahren und um zwölf Uhr fünfzehn auf der Bahnstation eintreffen würde.

„Früher geht kein Zug", sagte sie. „Ich habe zum Bahnhof geschickt und nachsehen lassen. Wegen des Streiks fährt keiner zwischen sieben Uhr fünfzehn und halb zwölf."

„Ich werde dir den Wagen an die Bahnstation schicken, dann kannst du um halb eins hier sein. Vielleicht liege ich schon im Bett, denn ich bin sehr müde."

„Du bist doch nicht etwa krank?"

„Nein. Ich habe nur eine unruhige Nacht verbracht."

Der Wind bewegte leicht die cremefarbenen Vorhänge am Fenster. Neben dem Kamin stand ein hoher, gepolsterter und mit gemustertem Rips überzogener Großvaterstuhl. Gegenüber diesem Sessel und dem Kamin stand das Doppelbett, in dem Mr Templeton in der vorigen Nacht gelegen und an seinen Schriftstücken gearbeitet hatte. Er ging zu dem Sessel hinüber, steckte die Hände in seine Taschen und blickte nachdenklich darauf nieder. Dann schritt er zu der Kommode und zog eine Schublade heraus. Rechts lagen Hetties Hemdchen und Unterkleider, säuberlich gebügelt und zusammengefaltet. Links lag ein Haufen ebenfalls zusammengelegter, aber nicht gebügelter Nachthemden von ihr. Mr Templeton bemerkte, dass die Seide stellenweise verknüllt und zerknittert war.

„Der Beweis", sagte er, während er zum Fenster ging, „der Beweis, dass etwas in diesem Raum geschehen ist, nachdem ich ihn an diesem Morgen verlassen habe. Die

Mädchen glauben, sie hätten die Nachthemden einer fremden Frau zusammengeknüllt auf dem Boden gefunden. Tatsächlich aber sind es Hetties Nachthemden. Ein Arzt würde wahrscheinlich sagen, ich hätte es selbst in einer Art Trance getan."

Seit zwei Nächten?, dachte er und blickte dabei wieder auf das Bett. Es kam ihm wie eine Woche vor. In der vorletzten Nacht hatte er dort gelegen und gearbeitet, einige Kissen in den Rücken gepackt und seine Papiere um sich ausgebreitet. Als er gegen zwei Uhr morgens, vertieft in seine Arbeit, aufgeblickt und das Muster auf dem Großvaterstuhl betrachtet hatte, der mit der Lehne zu ihm gekehrt stand, wie er ihn verlassen hatte, als er ins Bett ging, sah er es: Zwei Hände baumelten lose über die Lehne, als ob deren Eigentümer unsichtbar dahinter auf dem Sitz kniete. Seine Augen wurden starr, und Furcht rieselte kalt über seinen Rücken. Bewegungslos saß er da und beobachtete die Hände.

Zehn Minuten verstrichen, da wurden die Hände plötzlich zurückgezogen, als ob der Insasse des Stuhles lautlos seine Stellung geändert hätte.

Er beobachtete weiter, seine Glieder wurden steif in den Kissen, und während die Zeit verging, bemühte er sich, die Wirkung des sonderbaren Geschehens niederzukämpfen. „Übermüdet", sagte er. „Man hat davon gelesen. Das Gehirn spiegelt irgendetwas wider." Sein Herz kam zur Ruhe, und vorsichtig ließ er sich im Bett etwas tiefer rutschen und versuchte zu schlafen. Er traute sich nicht, die rundherum verstreuten Papiere zusammenzunehmen, sondern lag bewegungslos bei brennender Lampe, bis die Morgendämmerung die gelben Zimmerwände erhellte. Um fünf Uhr stand er auf und flüchtete, keinen Blick von der Lehne des Großvaterstuhles wendend, ohne Morgenrock und Pantoffeln aus dem Zimmer. In der Diele fand er einen Mantel und hinter einer Truhe seine Gummistiefel, entriegelte die Vordertür und stampfte hinaus auf den feuchten Rasen.

In der zweiten Nacht (der *letzten* Nacht) hatte er gearbeitet wie vorher. So völlig hatte er sich nach einem Tag in frischer Luft überzeugt, dass sein Erlebnis in der vorhergegangenen Nacht das Resultat seiner Einbildung gewesen war, hervorgerufen von der Überanstrengung seiner Augen und seines Geistes durch seine Arbeit, dass er sich nicht einmal an sein Vorhaben erinnert hatte, den Lehnsessel mit dem Sitz zum Bett hin zu drehen. Jetzt, als er wieder im Bett saß und arbeitete, blickte er von Zeit zu Zeit auf seine gemusterte, verdeckende Lehne und wünschte verstohlen, dass er daran gedacht hätte, ihn umzudrehen.

Er hatte noch keine zwei Stunden gearbeitet, als er merkte, dass irgendetwas im Stuhl vorging.

„Wer ist da?", rief er. Das leichte Rascheln, das er gehört hatte, verstummte einen Augenblick lang und begann dann von neuem. Eine Sekunde lang glaubte er, eine Hand an der Seite hervorschießen zu sehen, und einmal hätte er schwören können, dass die Spitze eines blonden Haarschopfes über die Lehne lugte. Dann rutschte etwas in dem Stuhl hin und her, und ein Gegenstand flog heraus und landete mit einem Aufschlag außerhalb seines Gesichtskreises am Boden. Fünf Minuten verstrichen, und nach einem neuerlichen Umherrutschen erschien eine Hand über der Lehne und legte ein weißes, steifes Bündel darauf, von dem ein schmaler Streifen herabhing.

Mr Templeton hatte zwei aufregende Nächte und viele aufregende Stunden hinter sich. Als er feststellte, dass der Gegenstand ein Korsett war, von dem ein Strumpfhalter herabbaumelte, begann sein Herz unregelmäßig zu klopfen, und eine Million schwarzer Flecke wie eine Wolke von Fliegen schwamm vor seinen Augen; seine Sinne verließen ihn.

Als er wieder aufwachte, war das Zimmer dunkel; die Lampe war ausgeschaltet, und er fühlte sich etwas unwohl. Während er sich im Bett umdrehte, um eine bequemere Lage für seinen Körper zu finden, kam seine Angst ihm wieder zum Bewusstsein. Er blickte in der Dunkelheit umher und sah, wie die Morgendämmerung bereits wieder die Vorhänge erhellte. Dann hörte er ein Klirren am Waschbecken, das sich einige Meter näher an seinem Bett befand als der Großvaterstuhl. Er war nicht allein: Dieses Etwas hielt sich immer noch im Zimmer auf.

Bei dem schwachen Licht von den Vorhängen her konnte er gerade noch feststellen, dass sein Besuch am Waschbecken hantierte. Ein leises Klingen von Porzellan und das beunruhigende Geräusch fließenden Wassers ertönte; verschwommen nahm er die Umrisse einer Frau wahr.

„Sie hat sich ausgezogen", sagte er zu sich selbst, „sie wäscht sich."

Bei dem nächsten Gedanken wurde ihm übel. War es möglich, dass dieses Weib zu ihm ins Bett kommen wollte?

Dieser Gedanke ließ ihn mit einem Satz aus dem Bett und aus dem Zimmer eilen und zum zweiten Mal seinen taubedeckten grauen Rasen auf und ab marschieren.

„Und jetzt", dachte Mr Templeton, als er im Licht des Nachmittags im aufgeräumten Schlafzimmer stand und umherblickte, „muss Hettie entweder an meine Untreue oder an das Übernatürliche glauben."

Er ging zu dem Großvaterstuhl hinüber, fasste ihn und wollte ihn gerade auf den Treppenabsatz hinausschieben, als ihm etwas anderes einfiel. „Heute Nacht will ich ihn stehen lassen, wo er ist", dachte er, „und wie gewöhnlich zu Bett gehen. In unser beider Interesse muss ich etwas mehr von dieser Sache herausbekommen."

Den Rest des Nachmittags verbrachte er im Freien. Nach dem Tee spielte er Golf und ging dann nach einem sehr leichten Abendessen zu Bett. Sein Kopf schmerzte heftig, da er in den vorangegangenen Nächten fast keinen Schlaf gefunden hatte, aber befriedigt konnte er feststellen, dass sein Herz regelmäßig schlug. Er nahm zwei Aspirin-Tabletten, um seine Kopfschmerzen zu lindern, und legte sich mit einem leichten Roman ins Bett, um zu lesen und zu beobachten. Hettie würde um halb eins kommen, aber der Butler blieb auf, um sie hereinzulassen. Ein zugedecktes Tablett mit Sandwiches stand in einer Ecke des Schlafzimmers für sie bereit.

Es war jetzt halb elf Uhr. Eineinhalb Stunden musste er noch warten. „Sie kann jeden Augenblick kommen", dachte er (und meinte dabei seine nächtliche Besucherin). Er hatte den Großvaterstuhl umgedreht, sodass er den Sitz sehen konnte.

Eine Viertelstunde ging vorüber, und sein Kopf schmerzte so sehr, dass er das Buch auf die Knie legte und das Licht abblendete. Er machte die helle Leselampe aus und schaltete die Beleuchtung der großen Uhr über dem Kamin ein, sodass er selbst im Schatten saß. Fünf Minuten später war er eingeschlafen. Er war tiefer gerutscht und lag mit dem Kopf in die Kissen vergraben, und der Schmerz, den er selbst im tiefen Schlaf verspürte, hämmerte immer noch in seinem Kopf. Im Unterbewusstsein hörte er seine Frau ankommen und hoffte im Stillen, dass sie ihn nicht aufwecken würde. Er hörte leises Rascheln und nahm ihre Bewegungen wahr, als sie den Raum betrat und sich auskleidete. Aber sein Kopfschmerz war so schlimm, dass er sich nicht aufraffen konnte, ein Lebenszeichen zu geben, und bald, während er sich an seinem Halbschlaf festhielt, fühlte er, wie die Bettdecke sich sanft hob, und hörte sie neben sich darunter schlüpfen.

Fröstelnd zog er die Decke fester um sich. Es war ihm, als ob ein Luftzug ihn im Bett umwehte, der die Nebel des Schlafs verscheuchte und ihn munter machte. In einer Anwandlung von Reue, weil er sie nicht begrüßt hatte, streckte er seine Hand aus und tastete unter der Decke nach der seiner Frau. Er fand ihr Handgelenk und umschloss es mit seinen Fingern. Es war kühl, seltsam eisig, und nach ihrer Reglosigkeit und ihrem Schweigen zu urteilen, schien sie zu schlafen.

„Die Fahrt von der Bahnstation war sicher kalt", dachte er; „sie kühlt tatsächlich das ganze Bett aus", murmelte er dann. Während er wieder einschlief, hielt er ihr Handgelenk fest, um es zu wärmen.

Durch ein Motorengeräusch unter dem Fenster wurde er geweckt. Ein Lichtstrahl wie von Scheinwerfern wanderte über die Wand des Zimmers. Mit Verwunderung hörte er, wie die Riegel an der Vordertür zurückgeschoben wurden. Auf dem beleuchteten Zifferblatt der Uhr über dem Kamin sah er die Zeiger auf siebenundzwanzig Minuten nach zwölf stehen.

Und dann hörte Mr Templeton, der immer noch das Handgelenk neben sich umklammert hielt, die klare Stimme seiner Frau unten in der Diele.

Der Türmer und der Geist der Marktfrau

Vor langer Zeit saß einmal in einer Stadt in einer Bude unter den so genannten Leinwandmeistern eine böse Frau, die nie einen Gottesdienst besuchte und von allen ihren Zunftgenossen wegen ihres lasterhaften Wandels und wegen ihres zänkischen und betrügerischen Wesens gemieden wurde. Sie hatte in ihrer Jugend durch ihre Schönheit und Heuchelei einen reichen braven Mann betört, doch bald nach ihrer Verheiratung hatte sie die Maske abgeworfen und sich in ihrer wahren Gestalt gezeigt. Sie lebte heimlich mit einem rohen Kriegsknecht und verprasste mit ihm das Vermögen ihres guten Mannes. Schließlich aber kam der Mann doch dahinter, aber da all seine Vorstellungen und Bitten nichts halfen, nahm er sich selbst durch Gift das Leben, und nun hatte sie freie Bahn. Allein diese Freiheit kam ihr auch nicht lange zugute, denn ihr Liebhaber wurde ihrer endlich auch überdrüssig, und eines Morgens war er mit dem größten Teil ihrer Kostbarkeiten verschwunden. Sie tobte und wütete fürchterlich, doch half das alles nichts. Er hatte sich davongemacht und war längst über alle Berge.

Von diesem Augenblick an war die Frau wie umgewandelt, sie hasste alle Männer, und an die Stelle ihrer Verschwendung traten nun Habsucht und Geiz. Sie saß ständig in ihrer Bude, plagte ihre Dienstleute, betrog ihre Kunden durch falsches Maß und trieb den schändlichsten Wucher. So brachte sie auf ebenso abscheuliche Art und Weise ihr Hauswesen wieder in die Höhe, wie sie es früher heruntergebracht hatte. Aber auch ihr Stündlein kam, und es ertönte an einem trüben Abend das Sterbeglöcklein hoch vom Turm herab für die allgemein verhasste Frau.

Was man schon zu ihren Lebzeiten vermutet und gesagt hatte, geschah: Die böse Frau fand keine Ruhe im Grab. Mit Grausen bemerkte der Wächter auf dem Magdalenenturm, dass sie sich jede Nacht bei Beginn der Geisterstunde aus dem Grab erhob, das Sterbekleid quer über den Hügel legte und rüstigen Schrittes zu der Bude eilte. Dann maß sie dort eine ganze Stunde lang Leinwand. Sie maß wieder und wieder und wieder, bis ihr der Schweiß in dichten Tropfen auf der Stirn stand und ihre Augen bluteten.

In einer Nacht, als der Wächter wieder gesehen hatte, wie sich das Gespenst aus dem Grab erhoben, und nachdem es das Sterbekleid abgelegt, zu der Bude geeilt war, stieg er vom Turm herab, ging zu dem Grab, nahm das Sterbegewand fort und eilte zurück zum Turm. Als er das Pförtlein wieder zumachen will, um die schmale Wendeltreppe hinaufzusteigen, da fällt ihm plötzlich etwas ein, und vorsichtig bezeichnet er die Pforte dreimal mit dem Zeichen des heiligen Kreuzes. Darauf schließt er die Tür und steigt, das kalte Sterbekleid im Arm, schnell die gewundene Treppe hinauf zu seiner Wohnung. Dort wirft er es auf einen kleinen hölzernen Hausaltar und tritt an das Fenster, von wo er den Kirchhof und jenes Grab sehen kann.

Schon ist es im letzten Viertel der ersten Stunde nach Mitternacht, da kehrt das Gespenst zu seinem Grab zurück. Als es das Sterbekleid vermisst, richtet es seinen Blick sogleich auf das kleine Fenster, aus dem der vorwitzige Wächter herabschaut und wegen ihrer grimmigen Gebärde sehr erschrickt. Doch größer wird sein Schrecken, als er jetzt das Gespenst den Weg mit hastigen Schritten zum Turm nehmen sieht. Je näher das Gespenst kommt, desto mehr fürchtet sich der Wächter. Jetzt ist es an der Pforte, da gewahrt es das heilige Zeichen des Kreuzes und schrickt davor zurück. Der Wächter hat sich ängstlich mehr zum Fenster hinausgebeugt, und als er sieht, welche Wirkung das Zeichen des Kreuzes tut, da will er zurück in sein Gemach, um Gott für seine Rettung zu danken, doch als er noch einen Blick hinunterwirft, um zu sehen, ob das Gespenst nun seinen Rückzug angetreten hat, sieht er mit Schaudern, wie es an der Außenseite des Mauerwerks den Turm hinaufzusteigen versucht. Da erfasst ihn Todesangst, seine Glieder sind wie erstarrt, und er kann den Platz am Fenster nicht verlassen, sondern steht wie gebannt da und muss dem Gespenst zusehen, wie es immer näher heraufkommt. Schon kann er das vor Wut verzerrte Gesicht sehen, welches der Mond geisterbleich beleuchtet, seine Haare sträuben sich, jetzt ist das Gespenst bis an die Galerie gekommen, schon will es sich hinüberschwingen. Er sinkt mit einem Schrei des Entsetzens zu Boden – da schlägt es eins, und im Nu lassen die dürren Knochenhände das Geländer los, die Beine lassen die Säulen, die sie umklammert hatten, fahren, und krachend stürzt das Gerippe hinab auf den harten Boden des Kirchhofes. Am nächsten Morgen fand man dort den furchtbar verunstalteten und kaum noch zu erkennenden Leichnam der bösen Frau. Das Volk geriet durch die Kunde von den furchtbaren Ereignissen der Nacht in größte Aufregung und litt nicht, dass das Gerippe wieder in geweihte Erde kam. Der Wächter überlebte die grässliche Nacht nicht lange, das Gespenst aber ward nicht wieder gesehen.

Johann Peter Hebel

Das wohlbezahlte Gespenst

In einem gewissen Dorfe, das ich wohl nennen könnte, geht ein üblicher Fußweg über den Kirchhof und von da durch den Acker eines Mannes, der an der Kirche wohnt. Wenn nun die Ackerwege bei nasser Witterung schlüpfrig und ungangbar sind, ging man immer tiefer in den Acker hinein und zertrat dem Eigentümer die Saat, sodass bei anhaltend feuchter Witterung der Weg immer breiter und der Acker immer schmaler wurde. Zum Teil wusste nun der geschädigte Mann sich wohl zu helfen. Er gab untertags, wenn er sonst nichts zu tun hatte, fleißig Acht, und wenn ein unverständiger Mensch diesen Weg kam, der lieber seine Schuhe als seines Nachbars Gerstensaat schonte, so lief er schnell hinzu und pfändete ihn oder tat's mit ein paar Ohrfeigen kurz ab. Bei Nacht aber, wo man noch am ehesten einen guten Weg braucht und sucht, war's nur desto schlimmer, und die Dornenäste und Rispen, mit welchen er den Wandernden verständlich machen wollte, wo der Weg sei, waren allemal in wenig Nächten niedergerissen oder ausgetreten, und mancher tat's vielleicht mit Fleiß. Aber da kam dem Mann etwas anderes zustatten. Es wurde auf einmal unsicher auf dem Kirchhof, über den der Weg ging. Bei trockenem Wetter und etwas hellen Nächten sah man oft ein langes weißes Gespenst über die Gräber wandeln. Wenn es regnete oder sehr finster war, hörte man im Beinhaus bald ein ängstliches Stöhnen und Winseln, bald ein Klappern, als wenn alle Totenköpfe und Totengebeine darin lebendig werden wollten. Wer das hörte, sprang bebend wieder zur nächsten Kirchhoftür hinaus, und in kurzer Zeit sah man, sobald der Abend dämmerte und die letzte Schwalbe aus der Luft verschwunden war, gewiss keinen Menschen mehr auf dem Kirchhofweg, bis ein verständiger und herzhafter Mann aus einem benachbarten Dorf sich an diesem Ort verspätete und den nächsten Weg nach Haus doch über diesen verschrienen Platz und über den Gerstenacker nahm. Denn ob ihm gleich seine Freunde die Gefahr vorstellten und lange abwehrten, so sagte er doch am Ende: „Wenn es ein Geist ist, geh ich mit Gott als ein ehrlicher Mann den nächsten Weg zu meiner Frau und zu meinen Kindern heim, habe nichts Böses getan, und ein Geist, wenn's auch der Schlimmste unter allen wäre, tut mir nichts. Ist's aber Fleisch und Bein, so habe ich zwei Fäuste bei mir, die sind auch schon dabei gewesen." Er ging. Als er aber auf den Kirchhof kam und kaum am zweiten Grab vorbei war, hörte er hinter sich ein klägliches Ächzen und Stöhnen, und als er zurückschaute, siehe, da erhob sich hinter ihm, wie aus einem Grab herauf, eine lange weiße Gestalt. Der Mond schimmerte blass über die Gräber. Totenstille war rings umher, nur ein paar Fledermäuse flatterten vorüber. Da war dem guten Mann doch nicht wohl zu Mute, wie er nachher selber gestand, und wäre gerne wieder zurückgegangen, wenn er nicht noch einmal an dem Gespenst hätte vorbeigehen müssen. Was war nun zu tun? Langsam und stille ging er seines Weges zwischen den Gräbern und an manchem schwarzen Totenkreuz vorbei. Langsam und immer ächzend folgte zu seinem Entsetzen das Gespenst ihm nach, bis an das Ende des Kirchhofs, und das war in Ordnung, und bis vor den Kirchhof hinaus, und das war dumm.

Aber so geht es. Kein Betrüger ist so schlau, er verrät sich. Denn sobald der verfolgte Ehrenmann das Gespenst auf dem Acker erblickte, dachte er bei sich selber: Ein rechtes Gespenst muss wie eine Schildwache auf seinem Posten bleiben, und ein Geist, der auf den Kirchhof gehört, geht nicht aufs Ackerfeld. Daher bekam er auf einmal Mut, drehte sich schnell um, fasste die weiße Gestalt mit fester Hand und merkte bald, dass er unter einem Leintuch einen Burschen am Brusttuch hatte, der noch nicht auf dem Kirchhof daheim war. Er fing daher an, mit der andern Faust auf ihn loszutrommeln, bis er seinen Mut an ihm gekühlt hatte, und da er vor dem Leintuch selber nicht sah, wo er hinschlug, so musste das arme Gespenst die Schläge annehmen, wie sie fielen.

Damit war nun die Sache abgetan, und man hat weiter nichts mehr davon erfahren, als dass der Eigentümer des Gerstenackers ein paar Wochen lang mit blauen und gelben Zierraten im Gesicht herumging und von dieser Stunde an kein Gespenst mehr auf dem Kirchhof zu sehen war.

Knut Hamsun

Ein Gespenst

Mehrere Jahre meiner Kindheit verbrachte ich bei meinem Onkel auf dem Pfarrhof im Nordland. Es war eine harte Zeit für mich, viel Arbeit, viel Prügel und selten eine Stunde zu Spiel und Vergnügen. Da mein Onkel mich so streng hielt, bestand allmählich meine einzige Freude darin, mich zu verstecken und allein zu sein; hatte ich ausnahmsweise einmal eine freie Stunde, so begab ich mich in den Wald, oder ich ging auf den Kirchhof und wanderte zwischen Kreuzen und Grabsteinen herum, träumte, dachte und unterhielt mich laut mit mir selber. Der Pfarrhof lag ungewöhnlich schön, dicht bei der Glimma, einem breiten Strom mit vielen großen Steinen, dessen Brausen Tag und Nacht, Nacht und Tag ertönte. Die Glimma floss einen Teil des Tags südwärts, den übrigen Teil nordwärts, je nachdem ob Flut oder Ebbe war – immer aber brauste ihr ewiger Gesang, und ihr Wasser rann mit gleicher Eile im Sommer wie im Winter dahin, welche Richtung es auch nahm.

Oben auf einem Hügel lagen die Kirche und der Kirchhof. Die Kirche war eine alte Kreuzkirche aus Holz, und die Gräber waren ohne Blumen; hart an der steinernen Mauer aber pflegten die üppigsten Himbeeren zu wachsen, die ihre Nahrung aus der fetten Erde der Toten sogen. Ich kannte jedes Grab und jede Inschrift, und ich erlebte, dass Kreuze, die ganz neu aufgestellt wurden, im Laufe der Zeit sich zu neigen begannen und schließlich in einer Sturmnacht umstürzten.

Waren da auch keine Blumen auf den Gräbern, so wuchs doch im Sommer hohes Gras auf dem ganzen Kirchhof. Es war so hoch und so hart, dass ich oft da saß und dem Winde lauschte, der im sonderbaren Grase sauste, das mir bis an die Hüften ging. Und mitten in dies Gesause hinein konnte die Wetterfahne auf dem Kirchturm knarren, und dieser rostige, eiserne Ton klang jammernd über den Pfarrhof hin. Es war, als ob dies Stück Eisen mit den Zähnen knirschte.

Wenn der Totengräber bei der Arbeit war, hatte ich oft eine Unterhaltung mit ihm. Er war ein ernster Mann, er lächelte selten, aber er war sehr freundlich gegen mich, und wenn er so dastand und Erde aus dem Grabe aufschaufelte, kam es wohl vor, dass er mir zurief, ein wenig aus dem Wege zu gehen, denn jetzt habe er ein großes Stück Hüftknochen oder den Schädel eines Toten auf dem Spaten.

Ich fand oft Knochen und Haarbüschel von Leichen auf den Gräbern, die ich dann wieder in die Erde eingrub, wie es der Totengräber mich gelehrt hatte. Ich war hieran so gewöhnt, dass ich kein Grausen empfand, wenn ich auf diese Menschenreste stieß. Unter dem einen Ende der Kirche befand sich ein Leichenkeller, wo Unmengen von Knochen lagen, und in diesem Keller saß ich gar manches Mal, spielte mit den Knochen und bildete aus dem zerbröckelten Gebein Figuren auf dem Boden.

Eines Tages aber fand ich einen Zahn auf dem Kirchhof.

Es war ein Vorderzahn, schimmernd weiß und stark.

Ohne mir weiter Rechenschaft darüber abzulegen, steckte ich den Zahn zu mir. Ich wollte ihn zu etwas gebrauchen, irgendeine Figur daraus zurechtfeilen und ihn in einen der wunderlichen Gegenstände einfügen, die ich aus Holz schnitzte.

Ich nahm den Zahn mit nach Hause.

Es war Herbst, und die Dunkelheit brach früh herein. Ich hatte noch allerlei anderes zu besorgen, und es vergingen wohl ein paar Stunden, bis ich mich in die Gesindestube hinüberbegab, um an meinem Zahn zu arbeiten. Indessen war der Mond aufgegangen; es war Vollmond.

In der Gesindestube war kein Licht, und ich war ganz allein. Ich wagte nicht, ohne weiteres die Lampe anzuzünden, ehe die Knechte hereinkamen; aber mir genügte das Licht, das durch die Ofenklappe fiel, wenn ich tüchtig Feuer anmachte. Ich ging deshalb in den Schuppen hinaus, um Holz zu holen.

Im Schuppen war es dunkel.

Als ich mich nach dem Holz vorwärts tastete, fühlte ich einen leichten Schlag, wie von einem einzelnen Finger, auf meinem Kopf.

Ich wandte mich hastig um, sah aber niemanden in der Dunkelheit.

Ich schlug mit den Armen um mich, fühlte aber niemand.

Ich fragte, ob jemand da sei, erhielt aber keine Antwort.

Ich war barhäuptig, griff nach der berührten Stelle meines Kopfes und fühlte etwas Eiskaltes in meiner Hand, das ich sofort wieder losließ. „Das ist doch sonderbar!", dachte ich bei mir. Ich griff wieder nach dem Haar hinauf – da war das Kalte weg.

Ich dachte: Was mag das wohl gewesen sein, das von der Decke herunterfiel und mich auf den Kopf traf?

Ich nahm einen Arm voll Holz und ging wieder in die Gesindestube, heizte ein und wartete, bis ein Lichtschein durch die Ofenklappe fiel.

Dann holte ich den Zahn und die Feile hervor.

Da klopfte es an das Fenster.

Ich sah auf. Vor dem Fenster, das Gesicht fast an die Fensterscheibe gedrückt, stand ein Mann. Er war mir ein Fremder, ich kannte ihn nicht, und ich kannte doch das ganze Kirchspiel. Er hatte einen roten Vollbart, eine rote wollene Binde um den Hals und einen Südwester auf dem Kopfe. Worüber ich damals nicht nachdachte, was mir aber später einfiel: Wie konnte sich mir dieser Kopf so deutlich in der Dunkelheit zeigen, namentlich an einer Seite des Hauses, wo nicht einmal der Vollmond schien? Ich sah das Gesicht mit erschreckender Deutlichkeit, es war bleich, beinahe weiß, und seine Augen starrten mich an.

Es verging eine Minute.

Da fing der Mann an zu lachen.

Es war kein hörbares Lachen, sondern der Mund öffnete sich weit, und die Augen starrten wie vorher, aber der Mann lachte.

Ich ließ fallen, was ich in der Hand hatte, und ein eisiger Schauer durchrieselte mich vom Scheitel bis zur Sohle. In der ungeheuren Mundhöhle des lachenden Gesichts vor dem Fenster entdeckte ich plötzlich ein schwarzes Loch in der Zahnreihe – es fehlte ein Zahn.

Ich saß da und starrte in meiner Angst geradeaus. Es verging noch eine Minute. Das Gesicht wurde stark grün, dann wurde es stark rot; das Lachen aber blieb. Ich verlor die Besinnung nicht, ich bemerkte alles um mich herum; das Feuer leuchtete ziemlich hell durch die Ofenklappe und warf einen kleinen Schein bis auf die andere Wand hinüber, wo eine Leiter stand. Ich hörte auch aus der Kammer nebenan, dass eine Uhr an der Wand tickte. Ganz deutlich sah ich alles; ich bemerkte sogar, dass der Südwester, den der Mann vor dem Fenster aufhatte, oben im Kopfstück von schwarzer, abgenützter Farbe war, dass er aber einen grünen Rand hatte.

Da senkte sich der Kopf nach unten, ganz langsam, immer weiter, sodass er sich schließlich unterhalb des Fensters befand. Es war, als gleite er in die Erde hinein. Ich sah ihn nicht mehr.

Meine Angst war entsetzlich, ich fing an zu zittern. Ich suchte auf dem Fußboden nach dem Zahn, wagte aber nicht, die Augen von dem Fenster zu entfernen, vielleicht konnte das Gesicht ja wiederkehren.

Als ich den Zahn gefunden hatte, wollte ich ihn gleich wieder nach dem Kirchhof bringen, hatte aber nicht den Mut dazu. Ich saß noch immer allein und konnte mich nicht rühren. Ich hörte Schritte draußen auf dem Hof und meinte, dass es eine der Mägde sei, die auf ihren Holzpantoffeln geklappert kam; ich wagte aber nicht, sie anzurufen, und die Schritte gingen vorüber. Eine Ewigkeit verging. Das Feuer im Ofen fing an auszubrennen, und keine Rettung zeigte sich mir.

Da biss ich die Zähne zusammen und stand auf. Ich öffnete die Tür und ging rückwärts aus der Gesindestube heraus, unverwandt nach dem Fenster starrend, an dem der Mann gestanden hatte. Als ich auf den Hof hinausgekommen war, rannte ich nach dem Stall hinüber, um einen der Knechte zu bitten, mich nach dem Kirchhof hinüberzubegleiten. Die Knechte befanden sich aber nicht im Stall.

Jetzt unter freiem Himmel war ich kühner geworden, und ich beschloss, allein nach dem Friedhof hinaufzugehen; dadurch würde ich es auch vermeiden, mich jemandem anzuvertrauen und dann später in des Onkels Finger zu geraten.

So ging ich denn allein den Hügel hinan.

Den Zahn trug ich in meinem Taschentuch.

Oben an der Kirchhofspforte blieb ich stehen – mein Mut versagte mir seinen ferneren Beistand. Ich hörte das ewige Brausen der Glimma, sonst war alles still. In der Kirchhofspforte war keine Tür, nur ein Bogen, durch den man hindurchging; ich stellte mich voller Angst auf die eine Seite dieses Bogens und steckte den Kopf vorsichtig durch die Öffnung, um zu sehen, ob ich es wagen könne weiterzugehen.

Da sank ich plötzlich platt auf die Knie.

Ein Stück jenseits der Pforte stand mein Mann mit dem Südwester. Er hatte wieder das weiße Gesicht, und er wandte es mir zu, gleichzeitig aber zeigte er vorwärts nach dem Kirchhof hinauf.

Ich sah dies als Befehl an, wagte aber nicht zu gehen. Ich lag lange da und sah den Mann an, ich flehte ihn an, und er stand unbeweglich und still.

Da geschah etwas, was mir wieder ein wenig Mut machte: Ich hörte einen der Knechte unten am Stallgebäude geschäftig umhergehen und pfeifen. Dieses Lebenszeichen bewirkte, dass ich mich erhob. Da entfernte sich der Mann ganz allmählich, er ging nicht, er glitt über die Gräber dahin, immer vorwärts zeigend. Ich trat durch die Pforte. Der Mann lockte mich weiter. Ich tat einige Schritte und blieb dann stehen; ich konnte nicht mehr. Mit zitternder Hand nahm ich den weißen Zahn aus dem Taschentuch und warf ihn mit aller

Macht auf den Kirchhof. In diesem Augenblick drehte sich die eiserne Stange auf dem Kirchturm, und der schrille Schrei ging mir durch Mark und Bein. Ich stürzte zur Pforte hinaus, den Hügel hinab und nach Hause. Als ich in die Küche kam, sagten sie mir, mein Gesicht sei weiß wie Schnee.

Es sind jetzt viele Jahre seitdem vergangen, aber ich entsinne mich jeder Einzelheit. Ich sehe mich noch auf den Knien vor der Kirchhofspforte liegen, und ich sehe den rotbärtigen Mann.

Sein Alter kann ich nicht einmal ungefähr angeben. Er konnte zwanzig Jahre alt sein, er konnte auch vierzig sein. Da es nicht das letzte Mal sein sollte, dass ich ihn sah, habe ich auch später noch über diese Frage nachgedacht; aber noch immer weiß ich nicht, was ich über sein Alter sagen soll.

Manchen Abend und manche Nacht kam der Mann wieder. Er zeigte sich, lachte mit seinem weit geöffneten Munde, in dem ein Zahn fehlte, und verschwand.

Es war Schnee gefallen, und ich konnte nicht mehr auf den Kirchhof gehen und ihn in die Erde legen. Und der Mann kam wieder und wieder, aber mit immer längeren Zwischenräumen, den ganzen Winter hindurch. Meine haarsträubende Angst vor ihm nahm ab; aber er machte mein Leben sehr unglücklich, ja unglücklich bis zum Überdruss. In jenen Tagen war es mir oft eine gewisse Freude, wenn ich daran dachte, dass ich meiner Qual ein Ende machen könnte, indem ich mich in die Glimma stürzte ...

Dann kam der Frühling, und der Mann verschwand gänzlich.

Gänzlich? Nein, nicht gänzlich, aber für den ganzen Sommer. Den nächsten Winter stellte er sich wieder ein.

Nur einmal zeigte er sich, dann blieb er lange Zeit fern. Drei Jahre nach meiner ersten Begegnung mit ihm verließ ich das Nordland und blieb ein Jahr fort. Als ich zurückkehrte, war ich konfirmiert, und wie ich selber meinte, groß und erwachsen. Ich wohnte nun nicht mehr bei meinem Onkel auf dem Pfarrhof, sondern daheim bei Vater und Mutter.

Eines Abends zur Herbstzeit, als ich gerade schlafen gegangen war, legte sich eine kalte Hand auf meine Stirn. Ich schlug die Augen auf und erblickte den Mann vor mir. Er saß auf meinem Bett und blickte mich an. Ich lag nicht allein im Zimmer, sondern mit zweien von meinen Geschwistern zusammen; aber ich rief sie trotzdem nicht. Als ich den kalten Druck gegen meine Stirn fühlte, schlug ich mit der Hand um mich und sagte: „Nein, geh weg!" Meine Geschwister fragten aus ihren Betten, mit wem ich spräche.

Als der Mann eine Weile still gesessen hatte, fing er an, den Oberkörper hin und her zu wiegen. Dabei nahm er mehr und mehr an Größe zu, schließlich stieß er beinahe an die Decke, und da er offenbar nicht viel weiter kommen konnte, erhob er sich, entfernte sich mit lautlosen Schritten von meinem Bett, durch das Zimmer, nach dem Ofen, wo er verschwand. Ich folgte ihm die ganze Zeit mit den Augen.

Er war mir noch nie so nahe gewesen wie diesmal; ich sah ihm gerade ins Gesicht. Sein Blick war leer und erloschen, er sah zu mir hin, aber wie durch mich hindurch, weit in eine andere Welt hinein. Ich bemerkte, dass er graue Augen hatte. Er bewegte sein Gesicht nicht, und er lachte nicht. Als ich seine Hand von meiner Stirn wegschlug und sagte: „Nein, geh weg!", zog er seine Hand langsam zurück. Während der Minuten, die er auf meinem Bett saß, blinzelte er niemals mit den Augen.

Einige Monate später, als es Winter geworden und ich wieder von zu Hause abgereist war, hielt ich mich eine Zeit lang bei einem Kaufmann auf, dem ich im Laden und auf dem Kontor half. Hier sollte ich dem Mann zum letzten Mal begegnen.

Ich gehe eines Abends auf mein Zimmer hinauf, zünde die Lampe an und entkleide mich. Ich will wie gewöhnlich meine Schuhe für das Mädchen hinaussetzen, ich nehme die Schuhe in die Hand und öffne die Tür.

Da steht er auf dem Gang, dicht vor mir, der rotbärtige Mann.

Ich weiß, dass Leute im Nebenzimmer sind, daher bin ich nicht bange. Ich murmele: „Bist du schon wieder da!" Gleich darauf öffnet der Mann seinen großen Mund wieder und fängt an zu lachen. Dies macht keinen erschreckenden Eindruck mehr auf mich; und diesmal merke ich: Der fehlende Zahn ist wieder da!

Er war vielleicht von irgendjemand in die Erde hineingesteckt worden. Oder er war in diesen Jahren zerbröckelt, hatte sich in Staub aufgelöst und mit dem übrigen Staub vereint, von dem er getrennt gewesen war. Gott allein weiß das.

Der Mann schloss seinen Mund wieder, während ich noch in der Tür stand, wandte sich um, ging die Treppe hinab und verschwand.

Seither habe ich ihn nie wieder gesehen. Und es sind jetzt viele Jahre vergangen.

Dieser Mann, dieser rotbärtige Bote aus dem Lande des Todes, hat mir durch das unbeschreibliche Grauen, das er in mein Kinderleben gebracht, sehr viel Schaden zugefügt. Ich habe mehr als eine Vision gehabt, mehr als eine seltsame Begegnung mit dem Unerklärbaren – nichts aber hat mich so tief bewegt wie dies.

Und doch hat er mir vielleicht nicht nur Schaden zugefügt – dieser Gedanke ist mir oft gekommen. Vielleicht ist er eine der ersten Ursachen gewesen, dass ich gelernt habe, die Zähne zusammenzubeißen und mich zu bezwingen. In meinem späteren Leben habe ich hin und wieder Verwendung dafür gehabt.

Spuk im Stephansdom

Der Winter des Jahres 1363 war bitterkalt. Schon in den frühen Stunden des Heiligen Abends waren die Gassen von Wien wie leer gefegt. Eisig trieb der Wind um die Häuser.

Damals war Graf Albrecht von Hohenberg Dompfarrer von Sankt Stephan. Er bereitete sich im Pfarrhaus gerade für die mitternächtliche Christmette vor, als sein Blick durchs Fenster fiel. Erstaunt stellte er fest, dass der Dom feierlich erleuchtet war. Hunderte von Kerzen brannten. „Das ist seltsam", dachte der Domherr bei sich, denn er wusste, dass der Küster und seine Gehilfen die Lichter noch nicht angezündet hatten. Rasch warf er einen Mantel über, lief hinüber zum Dom und schloss das Portal auf. Verwirrt blieb er stehen. Das weite Kirchenschiff war bis zum letzten Platz gefüllt. Männer, Frauen und Kinder drückten sich schweigend aneinander. Ihre Augen waren auf ihn gerichtet, aber es waren die Augen von Toten. Sie alle trugen Leichenhemden.

Der Pfarrer taumelte, und Angst würgte ihn. Er trat näher und zwang sich, die Gesichter zu betrachten. Da durchzuckte ihn quälende Furcht, denn er erkannte sie alle, die ihm stumm entgegensahen. Es waren Mitglieder seiner Gemeinde.

Langsam ging der Domherr dem Altar entgegen. Ein Priester im Goldornat zelebrierte eine Totenmesse, von einigen Diakonen assistiert. Kein Wort war zu hören. Als sich der Priester zur Gemeinde umwandte, um den Segen zu erteilen, erkannte der Pfarrer, dass er selbst es war, der die Totenmesse las – ein Requiem für eine Gemeinde toter Seelen. Den Domherrn erfasste eine schlimme Ahnung. Er fiel auf die Knie und verharrte im Gebet.

Als die Turmglocke die erste Morgenstunde schlug, blickte der Pfarrer auf. Der Spuk war verschwunden. Die Kirche hatte sich lautlos geleert, und er befand sich allein im Dom. Nachdenklich verließ er das Gotteshaus. Noch in dieser Christnacht schrieb er sein Erlebnis ins Pfarrbuch und zählte die Namen derer auf, die er in der Kirche gesehen hatte, auch seinen eigenen Namen und die seiner Diakone.

Im neuen Jahr brach in Wien die Pest aus. Unter den Opfern der Seuche waren alle, die der Dompfarrer in das Pfarrbuch eingetragen hatte, auch er selbst. Nachdem die Seuche erloschen war, fand sein Nachfolger das Pfarrbuch und las erstaunt die seltsame Geschichte, die der verstorbene Dompfarrer aufgezeichnet hatte.

Algernoon Blackwood

Geheimnis im Zimmer nebenan

Jim Shorthouse gehörte zu jenen Menschen, die immer wieder durch die einfachsten Dinge in Verwirrung und Unordnung stürzen. Was er anfasste, worüber er sich Gedanken machte, endete in einem heillosen Durcheinander. Zweimal fiel er auf dem College in Ungnade und musste einen unfreiwilligen Urlaub antreten. Als Schuljunge wanderte er von einer Schule zur anderen, wobei der Schülerbeschreibungsbogen immer unfreundlicher wurde, was seine Lage nicht verbesserte. In frühester Kindheit schon benahm man sich ihm gegenüber wie einem, der fortwährend als Dreizehnter zu Tisch kommt! Seine Säuglingstage waren ein einziges Geheul und Wehgeschrei.

Als er vierzig war, geriet er an ein Mädchen, das eine halbe Million schwer war und das ihn heiraten wollte. Diese junge Dame lenkte sein Leben fortan in verhältnismäßig geordnete Bahnen. Gewisse Ereignisse seines Lebens, bedeutsame und auch andere, würden hier niemals zur Sprache kommen, wäre die Art und Weise, wie er in sie hinein- und wieder herausgeriet, nicht so seltsam gewesen. Anscheinend zog er auf seinem Lebenspfad absonderliche Geschehnisse an, wie Fleisch Fliegen anlockt oder Marmelade Wespen. Und das Fleisch und die Marmelade in seinem Leben waren es – sofern man das so ausdrücken kann –, denen er seine seltsamen Erfahrungen und Begegnungen verdankte. Sein späteres Dasein war dann nur noch Himbeerpudding, um den sich, außer gefräßigen Kindern, keiner reißt. Mit seiner Heirat wandte er sein ganzes Interesse am und im Leben einer einzigen Person zu, und sein Leben glich nunmehr, was die Regelmäßigkeit anging, der Bahn der Sonne, während es vorher das eines irrenden Kometen gewesen war.

Das erste seiner merkwürdigen Erlebnisse, das er mir berichtete, zeigte deutlich, dass sich hinter seinem anscheinend in Verwirrung geratenen Nervensystem eine ungewöhnliche Empfindsamkeit verbarg, ein Wahrnehmungsvermögen seelischer Vorgänge, das seinesgleichen suchte. Als er zweiundzwanzig Jahre zählte und zum zweiten Mal aus dem College flog, waren seines Vaters Börse und Geduld erschöpft. Jim fand sich in einer amerikanischen Großstadt auf dem Trockenen. Ganz und gar auf dem Trockenen! Und seine einzigen Kleider, die keine Löcher hatten, befanden sich in sicherem Gewahrsam im Kleiderschrank seines Onkels. So saß er denn eines Tages auf einer Bank in einem der vielen Parks der Stadt und zerbrach sich den Kopf, was er nun tun sollte. Sorgfältige Überlegungen führten ihn zu dem Schluss, dass ihm nur noch eines übrig blieb, nämlich zum Verleger einer der Tageszeitungen zu pilgern. Jim besaß Beobachtungsgabe und führte eine gewandte Feder; er gedachte, den Verleger zu überreden, ihn zum Wohle des Blattes als Reporter anzustellen. Dies tat er auch und stand dann in der Redaktion zwischen dem Verleger und dem Fenster, um die Löcher in seiner Kleidung dem Blick des zukünftigen Chefs zu entziehen.

„Schätze, wir sollten mit Ihnen einen Versuch wagen“,

sagte der Verleger, der auf der Suche nach brauchbarem Material immer wieder eine ganze Menge Leute anstellte und jedes Mal durchschnittlich nur einen Mann behielt. Jedenfalls bekam Jim Shorthouse auf diese Weise das Geld, seine Löcher zu stopfen, und konnte damit auf die Garderobe im Kleiderschrank seines Onkels verzichten.

Dann zog er los, um sich eine Bleibe zu suchen, und nun begann das Rad seines außergewöhnlichen Schicksals wieder einmal zu rollen. Und zwar unfehlbar in dem Augenblick, da er sich schließlich einmietete: Denn in ebendiesem Hause, in dem er wohnte, geschah das traurige Ereignis.

In amerikanischen Städten sind die Wohnmöglichkeiten für Leute mit geringem Einkommen ziemlich düster – Zimmer in schäbigen Pensionen mit Verpflegung oder Zimmer in schäbigen Logierhäusern ohne Verpflegung. Reiche Leute wohnen selbstverständlich in Palästen, aber an so etwas konnte Jim nicht einmal im Traum denken. Er musste sich für Zimmer mit Verpflegung oder für Zimmer ohne Verpflegung entschließen. Und da er von Berufs wegen unregelmäßige Ess- und Schlafzeiten hatte, nahm er also ein Zimmer ohne Verpflegung.

Das Haus war hoch und sah verlassen und unheimlich aus. Es stand in einer Seitenstraße, seine Fenster schienen seit Jahren nicht geputzt worden zu sein, und die Haustür kreischte in den Angeln. Die einzelnen Zimmer waren aber geräumig. Jim wählte ein Zimmer im obersten Stock und zahlte im Voraus dafür. Seine hagere Wirtin glich einer alten Hexe und war so unheimlich und verstaubt wie das Haus. Ihre grünen, glanzlosen Augen blickten aus einem grob durchfurchten Gesicht.

„Daaas", sagte sie in der aufreizend gedehnten Redeweise eines Menschen, der aus dem Westen stammt, „ist das Zimmer. Am Preis gehandelt wird bei mir nicht. Wollen Sie's, gut. Wollen Sie's nicht, auch gut."

Jim hätte das Weibsstück gern gebeutelt, aber dabei wären womöglich Wolken von Staub hochgestiegen. Was das Zimmer anging, so war es annehmbar, und der Preis auch. Er entschloss sich, es zu nehmen.

„Wohnt noch jemand in meinem Stockwerk?", fragte er. Sie schaute ihn sonderbar aus ihren wassergrünen Augen an, ehe sie antwortete: „Mir hat noch nie ein Mieter so eine Frage gestellt. Aber Sie sind eben was Besonderes, schätze ich. Nein, da wohnt niemand, nur so ein Alter, der haust schon seit fünf Jahren da. Er wohnt dort drüben", setzte sie hinzu und deutete zum Ende des Ganges.

„Aha", murmelte Jim, „ich bin also sozusagen allein hier."

„Sind Sie, schätze ich", krächzte die Frau, kehrte dem neuen Gast den Rücken zu und ging langsam und ohne Hast die Treppe hinunter.

Die Arbeit in der Redaktion hielt Jim einen Großteil der Nacht außer Haus. Dreimal die Woche kam er um ein Uhr und dreimal die Woche um drei Uhr nachts heim. Das Zimmer genügte seinen Ansprüchen, und er bezahlte den Preis für eine weitere Woche. Durch seine späte Heimkehr traf er nie irgendwelche Bewohner des Hauses, und von dem Alten, der in demselben Gang wohnte, hatte er noch keinen Laut vernommen. Es schien ein sehr ruhiges Haus zu sein.

Eines Nachts, es war Mitte der zweiten Woche, kam Jim müde nach eines langen Tages Arbeit heim. Die Lampe, die für gewöhnlich unten in der Halle die ganze

Nacht leuchtete, war ausgebrannt, und so musste er im Dunkeln die Treppe hinaufstolpern. Er machte nicht wenig Lärm dabei, aber niemand schien sich davon gestört zu fühlen. Das ganze Haus war schrecklich ruhig, und wahrscheinlich lag alles in tiefem Schlaf. Nirgendwo drang Licht unter einem Türspalt hervor. Alles war finster. Es war nach zwei Uhr morgens.

Er las noch ein paar Briefe aus England, die tagsüber gekommen waren, las noch einige Seiten in einem Buch und wurde schläfrig. Als er eben unter die Bettdecke schlüpfen wollte, zögerte er und lauschte. Er hörte Schritte im Haus unten. Dann kam jemand die Treppe herauf. Es waren schwere Tritte; wer da heraufstieg, gab sich keine Mühe, leise aufzutreten. Trapp-trapp-trapp, kam er die Treppe herauf. Es war offensichtlich ein kräftiger Mann, der es eilig zu haben schien.

Im ersten Augenblick dachte Jim an Feuer und Polizei, aber er hörte nur die Schritte und keine Stimmen, und ihm fiel ein, dass es wahrscheinlich der alte Herr war, der spät nach Hause kam. Jim wollte eben das Gaslicht ausdrehen und endgültig zu Bett gehen, als das Haus ganz plötzlich in seine vormalige Stille zurückfiel. Ihm war, als hätten die Tritte dicht vor seiner eigenen Tür Halt gemacht. Lautes Klopfen folgte. Einem seltsamen, unerklärlichen Instinkt folgend, löschte er das Gaslicht, und völlige Dunkelheit umgab ihn.

Er hatte kaum einen Schritt gegen die Tür zu getan, als jenseits der Wand eine Stimme ertönte, so nahe, dass er meinte, sie dicht an seinem Ohr zu hören. Jemand rief: „Bist du es, Vater? Komm herein!"

Der Raum nebenan war also nicht leer, wie Jim angenommen hatte; und es war nicht an seine eigene Tür, sondern an die andere geklopft worden.

„Lass mich sofort ein!", sagte der Mann draußen im Gang. Jim hörte, wie die Tür geöffnet wurde. Dann wurde sie zugeschlagen, Schritte waren zu vernehmen, die den Raum durchquerten. Stühle schienen gegen einen Tisch gerückt zu werden. Bei alldem nahmen die beiden Nachbarn keine Rücksicht auf die anderen Hausbewohner, sondern vollführten einen Lärm, der gereicht hätte, Tote aufzuwecken.

„Recht geschieht mir!", dachte Jim im Dunkeln. „Warum habe ich mir ein Zimmer in einer solchen Drecksgegend genommen! Wissen möchte ich, wem sie das Zimmer nebenan vermietet hat!"

Sein Zimmer und das andere waren ursprünglich ein Raum gewesen, wie ihm die Wirtin erläutert hatte. Sie hatte eine dünne Trennwand aufrichten lassen, um für zwei Räume Miete kassieren zu können. Die Türen der beiden Zimmer lagen dicht nebeneinander, nur von einem massiven Balken getrennt.

Völlig gleichgültig gegenüber der Nachtruhe anderer Menschen im Haus, hatten die beiden Männer inzwischen angefangen, gleichzeitig und mit erhöhten Stimmen zu reden. Dem Akzent nach mussten sie Deutsche sein. Jim stand an der Wand, ein Horcher wider Willen, und verstand die ersten Minuten lang kaum etwas, weil keiner der Männer den anderen zu Wort kommen lassen wollte und sie sich ständig unterbrachen und zu überschreien versuchten. Nur die Worte „Vater" und „Otto" hörte er mehrmals.

Dann trat plötzlich Stille ein. Einen Augenblick später sagte die tiefe Stimme, wohl die des Vaters, laut und deutlich: „Das heißt also, Otto, dass du ablehnst, es mir zu verschaffen?"

Es war, als bewegte sich jemand in seinem Stuhl.

Gleich darauf kam die Antwort: „Es soll heißen, dass ich nicht weiß, wie ich da herankommen soll. Es ist so viel, Vater. Es ist zu viel! Die Hälfte davon ..."

„Die Hälfte!", schrie der andere wütend. „Die Hälfte, wo Ruin und Schande ins Haus stehen! Die Hälfte ist völlig nutzlos! Wenn du die Hälfte kriegen kannst, bekommst du auch das Ganze, du jämmerlicher Narr!"

„Du hast mir neulich gesagt ... ", begann der andere. Er konnte den Satz nicht zu Ende sprechen. Der Vater brach in schreckliche Flüche aus und fuhr dann zornbebend fort:

„Du weißt genau, dass sie dir alles geben wird. Du bist erst wenige Monate verheiratet. Bitte sie und gib einen vernünftigen Grund an, und wir werden bekommen, was wir brauchen. Sag ihr, dass es nur eine Anleihe ist. Alles wird zurückgezahlt. Das Geld würde die Firma retten, und deine Frau wird nie erfahren, wozu es verwendet worden ist. Mit dem Betrag kann ich all die schrecklichen Verluste ausgleichen. Spätestens in einem Jahr kriegt sie das Geld zurück. Aber ohne ihr Geld ... Du musst es herbeischaffen, Otto, hörst du! Soll ich wegen Missbrauchs anvertrauter Gelder verurteilt werden? Soll man unseren ehrlichen Namen verfluchen und anspucken?"

Jim stand zitternd in der Dunkelheit. Das Gespräch hatte ihn mitgerissen, und aus irgendeinem Grund hatte er es nicht über sich gebracht, seinen Nachbarn klar zu machen, dass sie nicht allein waren und dass jedes ihrer Worte im Nebenzimmer gehört werden konnte. Jetzt aber besann er sich auf seine gute Erziehung. Er hustete vernehmlich und rüttelte gleichzeitig an seiner Türklinke. Das schien keinerlei Effekt zu haben. Der Sohn protestierte weiter, der Vater schrie immer zorniger zurück. Jim hustete noch ein paarmal, dann entschloss er sich, gegen die Trennwand zu poltern, als wäre er in der Dunkelheit dagegen gestolpert. Die dünnen Bretter gaben unter seinem Gewicht nach, und er machte bei alldem ziemlichen Lärm. Aber die beiden Männer redeten unbekümmert fort, und zwar noch lauter als zuvor. War es möglich, dass sie ihn nicht gehört hatten?

In diesem Augenblick dachte Jim mehr an sein eigenes Schlafbedürfnis als an die Frage, ob es moralisch oder unmoralisch sei, private Gespräche und Skandalgeschichten der Nachbarn anzuhören. Er ging auf den Gang hinaus und klopfte an die Tür nebenan. Plötzlich, wie mit einem Zauberschlag, verstummten die Stimmen. Die Stille, die nun herrschte, war unheimlich. Kein Licht schien unter dem Türspalt hervor, kein Laut, kein Flüstern drang von irgendwoher. Jim klopfte wieder, erhielt aber keine Antwort.

„Meine Herren", begann er und drückte die Lippen ans Schlüsselloch, „würden Sie bitte ein wenig leiser sprechen. Ich kann vom Nebenzimmer alles mit anhören. Es ist auch schon sehr spät, und ich möchte schlafen."

Er schwieg und lauschte. Stille! Er drückte die Klinke nieder. Die Tür war versperrt. Nichts regte sich. Nur der Wind strich leise durch die Fugen der Dachluke, und dann und wann knackte irgendwo im Haus unten ein Brett. Kalte Morgenluft kroch den Flur herauf. Jim schauerte zusammen. Bei der Stille im Haus wurde ihm unbehaglich.

Er entfernte sich vorsichtig von der Tür und blickte über das Treppengeländer hinab. Unten lagen tiefe Schatten. Ihm war, als bewegte sich etwas. Saß da nicht eine Gestalt an der Treppe und blickte herauf mit grässlichen Augen? Wisperte und schlurfte es nicht dort unten in den dunklen Räumen, den verlassenen Treppenabsätzen? War es wirklich nur das wortlose Gemurmel der Nacht, oder war es etwas anderes?

Ein Windstoß fuhr über das Dach und pfiff an der Dachluke vorüber. Die Tür ächzte in der Zugluft. Jim schreckte auf und flüchtete in sein Zimmer. Als er eintrat, schienen hundert schattenhafte Gestalten flink und leise in ihre Winkel und Verstecke zurückzustürzen. Im Raum nebenan aber war jeder Laut verstummt. Jim kroch in sein Bett und überließ das Haus mit seinen wachen oder schlafenden Bewohnern sich selbst. Er begab sich in die Gefilde der Träume.

Am nächsten Morgen beschloss er, sich über seine geräuschvollen Nachbarn zu beschweren. Das helle Tageslicht hatte alle Ängste der Nacht vertrieben, und er wollte der Wirtin gehörig seine Meinung sagen. Sie war aber nirgends anzutreffen, und als er um Mitternacht von der Arbeit heimkam, war es natürlich zu spät.

Jim stieg die Treppe hinauf und blickte oben im Gang misstrauisch gegen den Türspalt des Nachbarzimmers, aber er sah kein Licht. Die Deutschen waren offensichtlich nicht daheim. Umso besser. Er ging gegen ein Uhr schlafen. Sollten seine Nachbarn ihn wieder beim Schlafen stören, war er fest entschlossen, die Wirtin wachzurütteln und sie zu zwingen, mit ihrer autoritären Krächzstimme, in der jedes Wort wie der Schlag einer metallenen Peitsche klang, die Ruhestörer zu rügen.

Es ergab sich jedoch keine Notwendigkeit zu solch drastischen Maßnahmen. Jim schlummerte friedlich die ganze Nacht und träumte von wogenden Kornfeldern und Schafherden auf den weit entfernten Besitzungen seines Vaters.

Zwei Tage später kam Jim todmüde in sein Zimmer. Die Arbeit war mehr als sonst anstrengend gewesen, und auf dem Heimweg hatte ihn ein heftiger Gewittersturm überrascht. In dieser Nacht sollten seine Träume – wieder von Kornfeldern und Schafherden – nicht ungestört bleiben.

Er war in diesem köstlichen Wärmegefühl eingedämmert, das immer dann entsteht, wenn man klatschnasse Kleider ablegt und sich unter die Bettdecken kuschelt, als sein Bewusstsein einen Laut aufnahm, der aus den Tiefen des Hauses kam und zwischen Wind und Regenschauern sein Ohr erreichte. Jim erwachte nicht sofort davon, einige Minuten lang waren seine Träume davon sozusagen nur leicht überschattet, angehaucht von dem Gefühl einer sich nähernden, kaum wahrnehmbaren Angst. Sein Bewusstsein wehrte sich anfangs dagegen, aus dem Zauberreich der Träume gerissen zu werden. Aber der Traum war nicht mehr ganz so friedlich. Die Schafe, von denen er träumte, drängten sich aneinander, als witterten sie die Nähe eines Feindes. Die Kornfelder rauschten und schwankten, als käme ein Monster schwerfällig durch sie hindurchgetrampelt. Der Himmel wurde dunkel, und ein hässlicher Laut kam aus den Wolken. In Wirklichkeit kam dieser Laut nicht von oben, sondern von unten, von der Treppe her.

Jim warf sich im Bett herum und stöhnte. Im nächsten Augenblick war er hellwach und fand sich im Bett sitzend und angestrengt lauschend. Hatte er etwas Schreckliches geträumt, weil ihn eine Gänsehaut überlief und die Haare ihm zu Berge standen?

Im Zimmer war es dunkel und still, aber der Wind

draußen heulte grässlich und warf den Regen in Schauern gegen die klappernden Fenster. Wie schön das wäre, durchfuhr es Jim, wenn alle Winde bei Sonnenuntergang zur Ruhe gingen! Sie erzeugten solch unmenschlichen Lärm bei Nacht!

Horch! Das war kein Traum! Etwas rührte sich im Haus. Etwas war von der Treppe her zu vernehmen.

Der Schlag einer Kirchenglocke übertönte den Sturm. Es war gerade die Stunde, zu der die Deutschen drei Nächte zuvor ihr Gespräch begonnen hatten. Jim war grimmig entschlossen, es nicht einfach hinzunehmen, falls sie wieder zu lärmen begannen. Wenn es nur nicht so schwer gewesen wäre, das Bett zu verlassen! Die Decken umhüllten ihn viel zu warm und behaglich. Der Laut, der stetig näher kam, war jetzt trotz des tobenden Sturms draußen deutlich als schwere Schritte zu erkennen. Die Deutschen! „Zum Henker mit ihnen!“, dachte Jim. „Aber was um Himmels willen ist denn mit mir los? Ich habe mich noch nie so merkwürdig gefühlt wie jetzt, in meinem ganzen Leben habe ich mich noch nie so gefühlt!“

Er zitterte am ganzen Körper, ihm war eiskalt. Er hatte starke Nerven, und es war auch nicht eigentlich Angst, was ihn erfüllte, sondern eine Art Unbehagen, das ihn von überall her anfiel. Die Luft schwirrte davon. Diese Schwäche steigerte sich noch, als die Tritte näher kamen. Eine seltsame Mattigkeit überkroch ihn und versetzte ihn in einen Zustand völliger Erschöpfung. Seine Gliedmaßen wurden gefühllos. Sein Bewusstsein zerfloss in einer Art Dämmertraum, und trotzdem schienen alle seine Sinne sonderbar geschärft zu sein.

Inzwischen waren die Schritte am obersten Treppenabsatz angelangt. Ein schwerer Körper streifte an Jims

Tür. Fast gleichzeitig wurde an die Tür des Nebenraums geklopft.

Bisher war von dort kein Laut zu vernehmen gewesen. Jetzt hörte Jim durch die dünne Trennwand, wie ein Stuhl zurückgestoßen wurde und ein Mann rasch das Zimmer durchquerte und die Tür öffnete.

„Ah! Du bist es!", sagte die Stimme des Sohnes. Hatte er die ganze Zeit schon still in seinem Stuhl gesessen und auf die Ankunft seines Vaters gewartet? Dieser Gedanke erzeugte ein unangenehmes Gefühl in Jim.

Drüben im anderen Zimmer erfolgte keine Antwort. Die Tür wurde rasch geschlossen, dann hörte es sich an, als würde ein Päckchen auf eine Tischplatte geworfen.

„Was ist das?", fragte der Sohn besorgt.

„Du wirst es erfahren, bevor ich wieder gehe", antwortete der andere barsch. Seine Stimme bebte vor mühsam unterdrückter Leidenschaft.

Jim wünschte inständig, irgendetwas tun zu können und das Gespräch zu beenden, war aber nicht imstande, aus dem Bett zu steigen.

Mit leiser Stimme sprach der Vater weiter. Den Beginn des Satzes überhörte Jim leider, er vernahm nur: „... und so bin ich zu dir gekommen. Du weißt, warum." Es war unmissverständlich eine Drohung.

„Ja", antwortete der Sohn. „Ich habe dich erwartet."

„Was ist mit dem Geld?", fragte der Vater ungeduldig.

Keine Antwort.

„Du hast drei Tage Zeit gehabt, es aufzutreiben. Ich kann die Sache nicht länger hinhalten – morgen ist Schluss!"

Keine Antwort.

„Sprich, Otto! Was hast du für mich erreicht? Sprich, mein Sohn! Um Gottes willen, rede!"

Einen Augenblick lang war Stille. Dann kam leise die Antwort: „Ich habe nichts."

„Otto!", schrie der andere leidenschaftlich. „Nichts!"

„Ich kann nichts auftreiben", kam es wie ein Hauch.

„Du lügst!" Die Stimme des Vaters klang halb erstickt. „Du lügst! Gib mir das Geld!"

Ein Stuhl wurde über den Fußboden geschoben. Offensichtlich hatte sich einer der Männer erhoben. Es hörte sich an, als würde das Päckchen, oder was immer es war, vom Tisch genommen. Dann klangen Schritte, die sich der Tür näherten.

„Vater, was ist in dem Päckchen? Ich muss es wissen!", sagte Otto. Zum ersten Mal verriet seine Stimme Entschlossenheit. Es hörte sich an, als machte der Sohn den Versuch, das Päckchen an sich zu nehmen, und der Vater schien es nicht hergeben zu wollen. Das Päckchen fiel zu Boden. Es klirrte merkwürdig. Rangen nun die beiden Männer darum? Der ältere fluchte und stieß gotteslästerliche Verwünschungen aus, der jüngere keuchte vor Anstrengung. Einen Augenblick später rief Otto zornig aus:

„Ich habe es gewusst! Ihre Juwelen! Du Schuft, du wirst sie nie bekommen! Du Verbrecher!"

Der ältere Mann lachte kurz und kehlig; es war ein Lachen, bei dem Jim das Blut gefror. Er hörte kein einziges Wort mehr, und innerhalb der nächsten zehn Sekunden herrschte nur noch Stille. Dann folgte ein dumpfer Laut. Jemand stöhnte auf. Ein schwerer Körper fiel dumpf auf den Tisch. Im nächsten Augenblick polterte es, als wäre etwas vom Tisch auf den Boden und gegen die Trennwand gestürzt. Das Bett erzitterte. Der Bann löste sich plötzlich von Jim, er sprang auf und war mit einem Satz an der Tür. Er wusste, der grässliche

Mord war geschehen – ein Vater hatte seinen Sohn getötet.

Mit zitternden Fingern entzündete Jim das Gaslicht. Als Erstes sah er, dass die Trennwand sich unnatürlich vorwölbte. Die bunte, billige Tapete darauf war zerrissen, die Bretter neigten sich in Jims Zimmer. Er wagte nicht, daran zu denken, welch schreckliche Last sich hinter der Wand befand.

Alles das sah er in kaum einer Sekunde. Aus dem Raum nebenan war kein einziger Ton mehr gedrungen, kein Stöhnen, kein Schritt. Nur der Wind heulte; es klang wie schauerliches Triumphgeheul.

Jim wollte eben aus dem Zimmer stürzen, die Hausbewohner aufwecken und nach der Polizei rufen. Er hatte die Hand schon auf der Klinke, als etwas im Zimmer seine Aufmerksamkeit auf sich zog. Aus den Augenwinkeln bemerkte er, wie sich etwas bewegte. Er blickte hin und sah, dass er sich nicht geirrt hatte. Etwas kam ganz langsam über den Fußboden auf ihn zugekrochen. Es war dunkel, ein dunkles Schlängeln, und es kam von der Stelle der Trennwand, die sich ins Zimmer bog. Er beugte sich nieder, besah voll Widerwillen, was sich da heranbewegte, und bemerkte entsetzt, dass es von drüben kam. Gebannt starrte er darauf und war nicht im Stande, auch nur ein Glied zu regen. Ganz leise, ganz langsam kroch es näher. Er musste hinstarren, bis er es nicht mehr ertrug und die Hand ausstreckte, um es zu berühren. Kaum war das geschehen, als er mit einem erstickten Schrei die Hand zurückzog. Es war nass, träge kam es geflossen, und es war warm. Jim sah seine Finger von leuchtendem Rot befleckt.

Im nächsten Augenblick war Jim auf dem Gang draußen und drückte die Klinke an der Tür nebenan nieder.

Das Zimmer war versperrt. Er warf sich mit seinem ganzen Gewicht dagegen, das Schloss gab nach, und er fiel der Länge nach in den pechschwarzen, kalten Raum hinein. Er war sofort wieder auf den Beinen und versuchte, in der Finsternis etwas zu sehen. Nichts regte sich, kein Laut war zu hören. Er spürte ganz deutlich, dass niemand sich hier befand.

Seine Augen hatten sich nun an die Dunkelheit gewöhnt, und er nahm an der jenseitigen Wand die Umrisse eines Fensters wahr. Der Regen strömte an den Scheiben herab, von draußen leuchteten verschwommen die Lichter der Stadt. Aber das Zimmer selbst war leer, entsetzlich leer – und so still. Jim stand wie festgefroren da, starrte vor sich hin, lauschte und zitterte. Plötzlich hörte er Schritte hinter sich. Licht fiel in den Raum. Er fuhr herum, hob den Arm wie zur Abwehr gegen einen fürchterlichen Schlag – und fand sich der Wirtin gegenüber.

Es war fast drei Uhr morgens, und er stand da, barfuß und in seinem gestreiften Pyjama in einem kleinen Zimmer, das sich in dem freundlichen Lichtschein tatsächlich als vollkommen leer erwies. Nackte Wände, kein Möbelstück, nicht einmal eine Jalousie am Fenster. Jim stand da und starrte die widerliche Wirtin an. Sie starrte zurück und sagte kein Wort, stand nur da in ihrem schwarzen Schlafrock, fast kahlköpfig, mit kalkweißem Gesicht. Ihre grünen Augen blickten ihn an, und mit der knochigen Hand schützte sie die flackernde Kerze.

„Naaa?“, quetschte sie endlich hervor. „Sie haben ja einen ganz schönen Krach gemacht. Wohl nicht schlafen können? Oder was?“

Das Zimmer zeigte keinerlei Spur der Tragödie, die

sich hier zugetragen hatte. Dazu die Stille, die ungewöhnliche Stunde, und er selbst barfuß im gestreiften Pyjama – all das zusammen bewirkte, dass Jim zunächst kein Wort über die Lippen brachte. Er starrte die alte Hexe nur fassungslos an.

„Naaa?", krächzte die schauerliche Stimme.

„Liebe Frau", brach es endlich aus ihm hervor, „es ist etwas geschehen, etwas Schreckliches ..."

„Nichts ist geschehen", antwortete sie langsam und starrte ihn unentwegt an. „Sie haben nicht mehr gesehen und gehört als die anderen. Die meisten kriegen's früher oder später heraus, die nämlich, die das Gespür für so was haben. Hab gedacht, Sie sind ein Engländer, und Ihnen macht es nichts aus. Es passiert nicht wirklich, wissen Sie. Sie bilden sich nur ein, dass es passiert."

Jim drehte fast durch. Am liebsten hätte er das Weib gepackt und die Treppe hinuntergeworfen, mitsamt ihrer flackernden Kerze.

„Hören Sie!", sagte er und fuchtelte mit seinen blutverschmierten Fingern dicht vor ihren blinzelnden Augen herum. „Sehen Sie sich das einmal an! Ist das auch Einbildung?"

Sie schaute ihn an, als verstünde sie nicht, was er meinte. „Schätze doch", sagte sie endlich.

Er folgte ihrem Blick, und zu seiner grenzenlosen Verwunderung sah er, dass seine Finger rein waren, keine Spur von Blut war an ihnen. Er mochte seine Hand noch so sehr anstarren: Das Blut, das sie befleckt hatte, war nicht mehr zu sehen. War er wahnsinnig geworden? Hatten seine Augen, seine Ohren ihn genarrt? Waren alle seine Sinne überreizt, trieben sie ihn von einer Täuschung in die andere? Er stürzte an der Wirtin vorbei auf den Gang und in sein eigenes Zimmer zurück.

Nein! Die Trennwand stand aufrecht. Die Tapeten waren nicht zerfetzt. Und die grässliche Blutlache schien nie da gewesen.

„Ist alles vorbei jetzt?", sagte die Wirtin mit ihrer krächzenden Stimme hinter Jim. „Ich geh wieder schlafen."

Er wandte sich um. Die Wirtin stieg langsam treppabwärts, die Kerze mit der Hand schützend. Während sie hinabging, warf sie dann und wann einen Blick auf ihn zurück. Er schauderte leicht, als sie unten in der Dunkelheit verschwand und ihre flackernde Kerze einen letzten gruseligen Schatten über Wand und Decke warf.

Ohne einen Augenblick zu zögern, kleidete Jim sich an und verließ das Haus. Der Sturm draußen war ihm lieber als die Schrecken im obersten Stockwerk des Hauses, und er trieb sich bis Tagesanbruch auf den Straßen herum. Am Abend erklärte er der Wirtin, dass er anderntags ausziehen wollte, obwohl sie versicherte, es geschähe nun nichts Gruseliges mehr.

„Es kommt nicht wieder", sagte sie. „Jetzt nicht mehr, nachdem der Mord passiert ist."

Jim riss vor Staunen den Mund auf.

„Sie haben mir allerhand geboten für mein Geld", murmelte er dann.

„Naaa – ich hab damit nichts zu tun", sagte sie gedehnt. „Ich bin kein Medium für Gespenster. Wahrscheinlich sind Sie eins. Es gibt Leute, die hier geschlafen haben und keinen Ton hörten. Andere wieder kriegen alles mit – so Leute eben wie Sie."

„Und wer ist der alte Herr? Hört er es?", fragte Jim.

„Es gibt keinen alten Herrn hier", antwortete sie kühl. „Hab ich nur gesagt, damit Sie glauben, dass er es ist, wenn Sie was hören. Außer Ihnen wohnt keiner auf Ihrem Stock."

„Sagen Sie", fuhr sie nach einer Pause fort, während der Jim lauter Dinge dachte, die man nicht niederschreiben kann, „jetzt erzählen Sie mir einmal, war Ihnen kalt, als es passierte, ich meine, fühlten Sie sich ungewöhnlich müde und schwach, wie es eben ist, bevor man stirbt ..."

„Weiß ich nicht!", schrie er plötzlich wütend. „Gott weiß, wie ich mich gefühlt habe!"

„Naaa – aber *der* sagt's uns nicht", krächzte sie. „Ich wollte nur wissen, wie Sie sich gefühlt haben. Weil nämlich der letzte Mann, der vor Ihnen das Zimmer gemietet hatte ... den haben wir eines Morgens im Bett gefunden ..."

„Was heißt gefunden?"

„Tot. Der Mieter vor Ihnen. Was ist denn los? Sie brauchen nicht so mit den Zähnen zu klappern, Sie haben's schon überstanden. Übrigens soll es wirklich geschehen sein. Das Haus war einmal ein Privathaus, so vor fünfundzwanzig Jahren. Eine deutsche Familie wohnte hier. Steinhardt hießen sie. Das waren große Leute in der Wall Street, hatten mächtig Geld."

„Ah", stammelte Jim.

„Tja, mächtig Geld hatten die! Aber eines Tages – also, da ging der Alte mit dem Geld durch."

„Er ging durch?"

„Ich sag Ihnen doch, der alte Steinhardt haute ab, und den Sohn fanden sie tot in diesem Haus. Selbstmord, hieß es zuerst. Gab aber immer ein paar, die meinten, kein Mensch könnte sich selber so erstechen und hinfallen. Dann wurde von Mord geredet. Der Vater starb im Gefängnis. Sie wollten ihm den Mord anhängen, aber es fehlte das Motiv oder der Beweis oder so was. Hab vergessen, was es war."

„Reizend", sagte Jim.

„Kommen Sie, ich zeig Ihnen noch was", fuhr sie fort. „Gehn wir für eine Minute nach oben. Ich hab die Schritte und die Stimmen auch schon oft gehört. Lass die Hunde bellen, denk ich mir. Sie können in alten Zeitungen nachlesen, wie das damals mit den Steinhardts war. Nicht das, was da im Haus vor sich geht, natürlich. Ich kann kein Gerede darüber brauchen, da würde keiner mehr einziehen wollen."

Als sie oben waren, ging die Frau in das Zimmer und schlug den Teppich zurück. Es war genau die Stelle, wo Jim das Blut hatte hervorquellen sehen.

„Schauen Sie her, wenn Sie's aushalten", sagte die alte Hexe. Er bückte sich und erblickte einen dunklen, stumpffarbenen Fleck auf dem Bretterboden. Der Fleck hatte genau die Form wie das Blutgerinnsel in der Nacht.

In dieser Nacht schlief Jim im Hotel, und tags darauf suchte er sich eine neue Wohnung. Er durchstöberte alle alten Zeitungen im Archiv der Redaktion und fand nach langem Suchen die Geschichte mit allen Details. Sie war vor zwanzig Jahren geschehen. Wie die Wirtin erzählt hatte, war Steinhardt & Co. in Konkurs gegangen. Jim las von der Flucht und der Ergreifung des Seniorpartners und von der Ermordung oder dem Selbstmord seines Sohnes Otto. Die Pension der Wirtin war damals der Wohnsitz der Familie Steinhardt gewesen.

Das Schiff der toten Seelen

Im Finnischen Meerbusen liegt die kleine Insel Ekholm. Hier hauste einst auf seinem Schloss der Baron Ekholm – ein menschenfeindlicher grausamer Schnauzbart, in dessen Burg sich kein ehrlicher Mann traute. Umgang hatte er nur mit einer Bande übler Kumpane, mit denen er seine finsteren Geschäfte machte. Der Ekholm hatte nämlich eine teuflische Methode, sich Spaß und Geld zu verschaffen. Wenn düstere Sturmnächte heraufzogen, brannte er am Ufer ein Feuer an, um Schiffe anzulocken, die in Seenot zu geraten drohten. Wenn der Ausguck das Licht sah und „Leuchtfeuer an Land" rief, ließ der Kapitän gewöhnlich darauf zuhalten. Er meinte, falsch navigiert zu haben und den Leuchtturm auf dem Festland zu sehen. Das aber war die Stunde des Barons und seiner Piraten. Denn es stand zehn zu eins, dass der Segler auf die Klippen auflief und zerschellte. Baron Ekholm und seine Mitverschworenen setzten dann mit ihrem Kutter über.

„Heho, Kapitän", rief er, „Hilfe kommt!" Und selbst wenn bei dem Aufprall kein Mann über Bord gegangen war, hätte sich doch keiner seiner Haut gewehrt, weil er die Retter kaum für Seeräuber halten konnte.

Der Baron und seine Piraten erschlugen die Besatzung und packten die wertvollste Fracht ins Boot. Davon lebten sie vergnügt bis zum nächsten Mal. Das sprach sich in Seefahrerkreisen herum, obwohl keiner etwas Genaues wusste. Überlebende gab es nie. Dennoch hieß Ekholm unter den Schiffern schon bald die *Insel des trügerischen Feuers*.

Das ging lange so. Der schuftige Baron stapelte große Reichtümer in seinem Schloss. Mit seinen Kumpanen lebte er viele Jahre in Saus und Braus. Eines Abends aber zog ein gewaltiger Sturm auf. Tosend schlug die See gegen die Klippen. Ekholm und seine Banditen zündeten wie üblich das Feuer an. Und tatsächlich blakte schon bald eine Schiffslaterne durch die Nacht. Ein großer Dreimaster stand gegen den düsteren Sturmhimmel. Er hielt auf die Insel zu und löste aus der Kanone einen Schuss zum Zeichen, dass er in Seenot war. Ekholm rieb sich die Hände. Lachend rief er: „Ins Boot, Freunde! Den wollen wir ausnehmen!"

Inzwischen aber war das Unwetter so fürchterlich geworden, dass selbst die abgebrühten Burschen plötzlich Angst bekamen. „Lass uns an Land bleiben, Baron!", sagten sie zu dem Schnauzbart. „Die See rast zu arg." Wütend schüttelte Ekholm den Kopf. „Wir kapern ihn!"

„Das kann nicht gut gehen."

Außer sich vor Zorn schrie Ekholm: „Ihr Hosenscheißer! Ihr Feiglinge! Ihr armseligen Jammerlappen!" Damit sprang er ins Boot und ruderte durch das aufgewühlte Meer dem Segler entgegen. Doch in der Brandung packte auch ihn die Furcht, und er wollte umkehren. Unaufhaltsam aber trieben ihn die querschlagenden Wellen dem Schiff zu. Mit letzter Kraft konnte er das Fallreep fassen und sich an Bord retten. Aber welch ein Grausen überkam ihn, denn das Schiff war bis unter die Wanten mit Toten besetzt. Der Steuermann grinste ihn aus leeren Augenhöhlen an. Die Matrosen an Deck waren bleiche Gerippe, der Kapitän stand als klapperndes Skelett im Ruderhaus. Hunderte von toten Männern bevölkerten den Segler. Es waren all jene Seeleute, die durch Ekholm ihr Leben verloren hatten.

Schreiend wollte der Baron das Schiff verlassen. Aber da griff ein Windstoß in die Segel und trieb den Dreimaster aufs Meer hinaus. Seitdem kreuzt das Totenschiff mit Baron Ekholm in der Ostsee. Gelegentlich, in tosenden Sturmnächten, hört eine Besatzung die Kanone des Geisterschiffs. Die Glocke schlägt an, und manchmal heben sich die Segel vom nachtschwarzen Himmel ab. Dann bekreuzigen sich die Matrosen und beten: „Gib Gott, dass wir nicht dem Baron vor den Bug laufen!“

Denn wer Ekholm an Bord des Totenschiffes winken sieht, muss sterben.

André Maurois

Das Haus

Als ich krank war vor zwei Jahren, erzählte sie, wurde mir bewusst, dass ich jede Nacht den gleichen Traum hatte. Ich ging übers Land; von weitem bemerkte ich ein weißes Haus, niedrig und lang gestreckt, umgeben von einem Lindenwäldchen. Zur Linken des Hauses durchbrach eine von Pappeln begrenzte Wiese angenehm die Symmetrie des Bildes, und ihre Wipfel, die man von weitem erblickte, wiegten sich über den Linden.

Im Traum fühlte ich mich zu diesem Hause hingezogen, und ich schritt darauf zu. Ein weiß gestrichenes Tor versperrte die Einfahrt. Der Weg war mit Bäumen eingefasst, unter denen ich Frühlingsblumen fand: Schlüsselblumen, Leberblümchen und Anemonen, die welkten, sobald ich sie pflückte. Hatte man die Allee durchschritten, war man nicht mehr weit vom Haus entfernt. Ein breiter Rasen lag davor, nach englischer Art geschoren und beinahe kahl. Einzig ein Beet violetter Blumen zog sich durch das Grün.

Das Haus war aus weißen Steinen erbaut und trug ein Schieferdach. Zur Tür aus heller Eiche mit geschnitzter Füllung führte eine Freitreppe hinauf. Ich wollte das Haus besichtigen, doch niemand antwortete meinem Klopfen. Ich war tief enttäuscht, klingelte, rief und wachte endlich auf.

Das war mein Traum – und er kehrte während vieler

Monate immer wieder, er wiederholte sich mit einer Stetigkeit und Genauigkeit, dass ich schließlich dachte, ich hätte in meiner Kindheit dieses Schloss und den Park schon einmal gesehen. Dennoch konnte ich, wenn ich wach war, mich nicht daran erinnern, und das Nachgrübeln wurde zu einer Art von Besessenheit, sodass ich eines Sommers, als ich gelernt hatte, selbst einen Wagen zu lenken, beschloss, während meiner Ferien ganz Frankreich auf der Suche nach dem Haus meines Traumes zu durchfahren.

Ich erzähle Ihnen nichts von meiner Reise. Ich durchstreifte die Normandie, die Touraine und das Poitou; nichts fand ich und war darüber nicht erstaunt. Im Oktober kehrte ich nach Paris zurück und fuhr fort, während des ganzen Winters von meinem weißen Haus zu träumen … Doch eines Tages, ich fuhr durch ein der Isle-Adam benachbartes Tal, überkam mich ein angenehmer Schreck, jene merkwürdige Erschütterung, die einen ergreift, wenn man nach langer Abwesenheit Menschen oder Orten wiederbegegnet, die man sehr geliebt hat.

Obschon ich niemals in dieser Gegend gewesen war, erschien mir die Landschaft, die sich zu meiner Rechten dehnte, ganz vertraut. Pappelwipfel überragten eine Lindengruppe. Durch das Laubwerk hindurch gewahrte man ein weißes Haus. Da wusste ich, dass ich das Schloss meiner Träume gefunden hatte. Ich wusste genau, dass hundert Meter weiter ein schmaler Weg die Straße kreuzen musste. Der Weg war da. Ich schlug ihn ein. Ich folgte ihm bis vor ein weißes Gartentor.

Dahinter erstreckte sich die Allee, der ich schon oft gefolgt war. Unter den Bäumen bewunderte ich den Teppich zarter Farben, den die Leberblümchen, Himmelsschlüssel und Anemonen bildeten. Als ich das Lindengewölbe durchschritten hatte, bemerkte ich sogleich den grünen Rasen und die Freitreppe, die zu der hellen, eichenen Tür hinaufführte. Ich stieg aus meinem Wagen, lief eilig die Stufen hinauf und klingelte.

Ich fürchtete sehr, dass niemand kommen würde, jedoch fast im gleichen Augenblick öffnete ein Diener. Er blickte traurig drein, war sehr alt und trug einen schwarzen Rock. Er schien sehr erstaunt, mich zu sehen, und betrachtete mich aufmerksam, ohne zu sprechen.

„Ich werde Ihnen jetzt", sagte ich, „eine recht seltsame Bitte vortragen. Ich kenne die Eigentümer dieses Hauses nicht, aber ich wäre glücklich, wenn Sie mir gestatten würden, es anzusehen."

„Das Schloss", sprach er wie bedauernd, „ist zu vermieten, gnädige Frau, und ich bin hier, um es bei Besichtigungen zu zeigen."

„Man kann es mieten?", sagte ich. „Welch unerhoffter Zufall ... Warum bewohnen denn die Besitzer nicht selbst ein so schönes Haus?"

„Sie haben es bewohnt, Madame, und sie haben es verlassen, seitdem es hier im Hause spukt."

„Es spukt hier?", fragte ich. Das sollte mich nicht abhalten. „Ich wusste nicht, dass man in Frankreich auf dem Lande noch an Geister glaubt."

„Auch ich nicht, Madame", sprach er ernst, „wenn ich nicht selber dem Gespenst, das meine Herrschaft vertrieb, so oft des Nachts im Park begegnet wäre."

„Unglaublich!", meinte ich und versuchte zu lächeln.

„Nicht ganz so unglaublich", sagte der Greis in vorwurfsvollem Tone, „dass gerade Sie darüber lachen dürften, denn das Gespenst, Madame, waren Sie."

GUSTAVO ADOLFO BECQUER

Das Miserere

I.

Vor vielen Jahren, in einer stürmischen und dunklen Nacht, kam vor die Pforte der Abtei von Fitero ein Pilger und bat um einen Platz beim Herdfeuer und um ein Stück Brot, seinen Hunger zu stillen, endlich um irgendein Obdach, wo er die Nacht überdauern dürfe: Er wolle mit Sonnenaufgang seinen Weg fortsetzen. Der Bruder, dem er diese Bitte vortrug, gab dem Wanderer sein eigenes bescheidenes Nachtmahl, überließ ihm sein armseliges Lager und wies ihn zum flackernden Herdfeuer. Als sich der Pilger etwas erholt hatte, fragte er ihn nach dem Zweck seiner Pilgerfahrt und nach dem Ziel, dem er zustrebe.

„Ich bin ein Musiker", erwiderte der Gefragte, „ich wurde sehr weit von hier geboren und war einmal in meinem Vaterland sehr berühmt. In meiner Jugend missbrauchte ich die Zunft zur Verführung und entflammte durch sie Leidenschaften, die mich zu einem Verbrechen hinrissen. In meinem Alter möchte ich die Begabung, die ich zum Bösen benutzt habe, zum Guten anwenden, durch dasselbe Heil suchend, das mich fast der Verdammnis anheim fallen ließ."

Da die rätselhaften Worte des Unbekannten dem Laienbruder nicht ganz klar waren, wurde seine Neugier immer größer, und er fragte weiter, worauf der Pilger Folgendes sagte:

„Ich beweinte in der Tiefe meiner Seele die Schuld, die ich begangen hatte, aber als ich versuchte, Gott um Barmherzigkeit anzuflehen, fand ich keine Worte, um meine Reue würdig auszudrücken – als eines Tages meine Augen zufälligerweise auf ein heiliges Buch fielen … Ich öffnete es … und auf einem seiner Blätter fand ich den urgewaltigen Mussschrei wahrhafter Zerknirschung, einen Psalm Davids, der da mit den Worten beginnt: *Miserere mei, Domine! – Erbarme dich meiner, Herr!*

Seitdem ich diese Verse gelesen habe, ist es mein einziger Gedanke gewesen, eine musikalische Form zu finden, so hehr, so erhaben, um diese machtvolle Schmerzenshymne des königlichen Sängers zu verdolmetschen. Bisher habe ich sie nicht gefunden.

Aber wenn es mir gelingt auszudrücken, was ich in meinem Herzen fühle, was ich verworren in meinem Kopf höre, dann bin ich gewiss, ein Miserere zu schreiben, so ergreifend und wundersam, wie es bisher noch kein menschliches Ohr vernommen hat. Etwas so Zerknirschendes und Verzweifelndes, dass die Erzengel, sobald sie den ersten Akkord vernommen haben, mit Tränen in den Augen den Herrn anrufen werden: Barmherzigkeit … Und der Herr wird sich seines armen Geschöpfes erbarmen!"

Hier schwieg der Pilger eine Weile, und dann, tief aufseufzend, fuhr er aufs Neue fort. Der Laienbruder, einige Dienstleute der Abtei und zwei oder drei Hirten der Klostermeierei, die im Kreise um den Herd saßen, lauschten in tiefem Schweigen.

„Seither habe ich", fuhr der Fremde fort, „ganz Deutschland, ganz Italien und den größten Teil dieses, was die religiöse Musik betrifft, so klassischen Landes durchpilgert, nirgends aber hörte ich ein Miserere, das mich begeistern könnte ... nicht eines ... nicht ein Einziges ... und ich hörte so viele, dass ich wohl sagen darf, ich habe alle gehört!"

„Alle?", unterbrach ihn hier einer der Hirten. „Auch das Miserere der Montana?"

„Das Miserere der Montana?", rief der Musiker mit dem Ausdruck des Staunens ... „Was ist das für ein Miserere?"

„Hab ich's nicht gesagt", murmelte der Hirt und fuhr in geheimnisvollem Ton fort: „Das ist ein Miserere, welches nur diejenigen zufälligerweise hören, die, wie ich, Tag um Tag durch Gestrüpp und Felsentrümmer hinter den Herden herumsteigen. Es knüpft sich eine Geschichte daran, eine sehr alte Geschichte, aber genauso wahr, wie sie unglaublich klingt!

Vor vielen Jahrhunderten stand im unwegsamsten Teil dieser felsigen Gebirgsrücken, welche den Horizont des Tals begrenzen, auf dessen Grunde diese Abtei liegt, ein weitberühmtes Kloster. Dieses Kloster hat, wie es scheint, ein Edelmann auf seine Kosten erbaut, und zwar vom Vermögen, das er sonst seinem Sohn vermacht hätte, den er aber auf dem Sterbebett zur Strafe für seine Missetaten enterbte.

Es geschah aber, dass dieser Sohn, der, wie ihr sehen werdet, ein rechter Teufelskerl war – wenn es nicht der Teufel selbst in menschlicher Gestalt gewesen ist –, wohl wissend, die Mönche besäßen seine Güter, und die Burg sei in ein Kloster verwandelt worden, ein paar Schurken um sich sammelte, Genossen des sündhaften Lebens, das er seit dem Verlassen des väterlichen Hauses führte. In einer Nacht, gerade am Gründonnerstag, als die Mönche auf dem Chor versammelt waren, und im Augenblick, als sie das Miserere anfangen wollten oder schon angefangen hatten, warf er mit seiner Bande Feuer ins Kloster, plünderte die Kirche aus und ließ auch nicht einen einzigen Mönch am Leben!

Nach diesen Gräueln verschwanden die Gurgelabschneider und mit ihnen auch der Anstifter dieser Untat, niemand weiß, wohin – vielleicht geradewegs in die Hölle!

Die Flammen verwandelten das Kloster in Schutt und Asche. Doch Trümmer der Kirche stehen noch bis heute auf jener runden Bergkuppe, in der ein Wasserfall entspringt, der schließlich ein Bächlein bildet, dessen Wellen die Mauern dieser Abtei bespülen."

„Aber", unterbrach ihn ungeduldig der Musiker, „das Miserere!"

„Wartet nur", erwiderte der Hirt mit großer Ruhe. „Alles zu seiner Zeit!

Die Leute der Umgebung waren erbittert über diese Freveltat. Von den Vätern auf die Kinder und von den Kindern auf die Enkel erbte sich deren Gedächtnis fort dadurch, dass sie mit Schaudern in langen Winternächten erzählt wird. Aber was sie am längsten in lebendiger Erinnerung erhält, ist, dass man in jedem Jahr, in derselben Nacht, in der das Kloster vom Feuer verzehrt wurde, durch die zertrümmerten Fenster der Kirche Lichter blinken sieht und ab und zu im Wind Töne vernimmt, etwas wie eine seltsame Musik, wie düstere, schauerliche Trauergesänge …

Das sind die Mönche, die wohl, da sie unvorbereitet gestorben sind, um ganz rein und frei von Schuld und Sünde vor den Thron des Herrn zu treten, nun aus dem Fegefeuer heraufsteigen, Gott um Barmherzigkeit anflehen und das Miserere singen."

Die Anwesenden blickten einander ungläubig an; nur der Pilger, der von der Erzählung dieser Geschichte lebhaft erregt zu sein schien, fragte begierig den Erzähler: „Und du sagst, dieses Wunder wiederhole sich noch jetzt?"

„In etwa drei Stunden beginnt es ganz bestimmt wieder … ist es doch heute Gründonnerstag, und die Turmuhr hat gerade acht geschlagen."

„Und wie weit ist das Kloster von hier?"

„Nicht ganz anderthalb Meilen … aber, was tut Ihr? … Wohin geht Ihr in einer solchen Nacht?"

„Seid Ihr von Gott verlassen?", riefen alle, da sie sahen, wie der Pilger von der Bank aufstand und, seinen Stab ergreifend, zur Tür schritt.

„Wohin ich gehe? Ich will die wunderbare Musik hören, ich will dies große, das wahrhaftige Miserere hören, das Miserere jener, die nach dem Tode zur Welt zurückkehren, und die da wissen, was es bedeutet, in Sünden zu sterben!"

Und damit entschwand er dem erschrockenen Mönch und den nicht minder entsetzten Hirten aus den Augen.

Der Wind heulte und rüttelte mit wildem Getöse an der Tür, als strebe eine gewaltige Hand, sie aus den Angeln zu reißen; der Regen rann in Strömen hernieder, indem er an die Scheiben schlug, und von Zeit zu Zeit beleuchtete ein Blitzstrahl einen Augenblick den ganzen Horizont, so weit das Auge blicken konnte.

Als sie sich vom ersten Schrecken erholt hatten, rief der Laienbruder:

„Er ist wahnsinnig! …"

„Er ist verrückt!", wiederholten die Hirten, und das Feuer aufs Neue schürend, setzten sie sich wieder rings um den Herd.

II.

Nach zwei oder drei Wegstunden gelangte der seltsame Mensch, den sie im Kloster für wahnsinnig erklärt hatten, am Ufer des Baches stromaufwärts schreitend, an den Ort, wo die schwarzen, gewaltigen Ruinen des Klosters aufragten.

Der Regen hatte aufgehört, die Wolken flatterten am Nachthimmel in langen schwarzen Streifen, an deren Säumen manchmal der schwache Strahl eines blassen, unbestimmten Lichtes aufblitzte, und der Wind stieß gleichsam klagende Seufzer aus. Aber daran war nichts Übernatürliches, nichts Wunderbares, das die Einbildungskraft hätte erregen können!

Die Wassertropfen, die zwischen den zersprungenen Bogen hindurchrieselten und auf die Steinplatten fielen mit dem regelmäßigen Ton eines tickenden Uhrpendels, der Schrei des Uhus, der versteckt unter dem Heiligenschein eines Märtyrers krächzte, das Rascheln der Eidechsen, die, durch das Unwetter aus ihrem Schlaf geschreckt, ihre Köpfe aus den Schlupflöchern steckten oder auf dem Boden der Kirche herumhuschten – alle diese außergewöhnlichen und eigenartigen Laute des Waldes, der Einsamkeit und der Nacht drangen deutlich ans Ohr des Wanderers, der, auf einem verfallenen Grabdenkmal sitzend, voll Ungeduld der Stunde harrte, in der das Wunder sich verwirklichen sollte.

Weile um Weile verrann, aber nichts ließ sich hören außer den natürlichen Tönen.

„Wenn er mich genarrt hätte!“, dachte der Musiker … doch im gleichen Augenblick hörte er einen neuen Ton. Einen an diesem Orte unerklärlichen Ton, ähnlich dem einer Uhr, einige Augenblicke, bevor sie schlägt … den

Ton sich drehender Räder, sich dehnender Stränge ... den Ton eines Schlagwerkes, das sich anschickt, seine mechanischen Kräfte zu gebrauchen ... und dann ... dann erklang das Schlagwerk zweimal ... dreimal ... elfmal ...

In der zerstörten Kirche gab es aber weder eine Uhr noch einen Turm ...

Noch war der letzte von Echo zu Echo getragene Glockenschlag nicht verklungen, noch vernahm man seine Schwingungen durch die Lüfte hinzittern, als die granitenen Baldachine über den Bildsäulen, die marmornen Altarstufen, die Quader der Schwibbogen, die durchbrochenen Brustwehren des Chors, die kleeblattförmigen Verzierungen auf den Simsen, die schwarzen Strebepfeiler, der Estrich, die Wölbung, das ganze Innere des Gotteshauses sich wie von selbst erleuchtete, ohne dass man eine Fackel, Kerze oder Lampe erblickt hätte, die den ungewohnten Schimmer verbreitete.

Das Ganze ähnelte einem Skelett, dessen fahlweißlichen Knochen ein Licht entströmt, das durch die Düsterheit flimmert und schimmert wie ein blaues, unheimliches Flämmchen.

Alles schien sich zu beleben.

Steine türmten sich auf Steine; ... der Altar, dessen zerbröckelte Reste vordem wüst durcheinander lagen, stand unversehrt da, als habe der Künstler eben den letzten Meißelschlag getan, und zugleich mit dem Altar strebten auch die verfallenen Kapellen empor, die herabgestürzten Pfeiler, und die unabsehbaren Reihen der zertrümmerten Bogen bildeten, sich kreuzend und wunderlich durcheinander schlingend, mit ihren Säulen ein schillerndes Labyrinth.

Als das Gotteshaus in vollem Prunk dastand, ertönte

auf einmal ein ferner Akkord, der vom Rauschen des Windes kaum unterschieden werden konnte ... der aber ein Zusammenklingen von fernen, tiefen Stimmen war, gleichsam aus der Erde hervordringend, immer stärker und stärker und mit jedem Augenblick deutlicher werdend.

Den waghalsigen Pilger beschlich Furcht; ... aber seine Leidenschaft für alles Außergewöhnliche und Wunderbare rang mit der Furcht, und von jener ermutigt, richtete er sich auf und beugte sich über den Rand des Abgrundes über dessen Felsen der Wasserfall mit unaufhörlichem grausigem Gedonnere in die Tiefe stürzte ...

Und dem Mutigen sträubte sich das Haar vor Schauder.

Halb eingehüllt in die Fetzen ihrer Habite, mit zerrissenen Kapuzen, unter deren Falten die fleischlosen Kiefer und die weißen Zähne sich von den schwarzen Augenhöhlen der Schädel entsetzlich abhoben, sah er die Gerippe der Mönche aus dem Grunde des Wassers heraufsteigen, in den sie dereinst von der Plattform der Kirche hinabgeschleudert worden waren ...

Sie krallten sich empor, indem sie mit den langen Fingern ihrer Knochenhände in die Felsenritzen griffen und so auf den Rand des Abgrundes hinaufkrochen ... wobei sie in tiefer Grabesstimme, mit dem Ausdruck herzzerreißenden Schmerzes den ersten Vers des David'schen Psalmes sangen:

„Miserere mei, Domine, secundum magnam misericordiam tuam!"

Als die Mönche in die Säulenhalle des Gotteshauses gelangt waren, ordneten sie sich in zwei Reihen und zogen ins Innere der Kirche, wo sie im Chor niederknieten und mit erhobener und feierlicher Stimme den Psalm weitersangen …

Zugleich mit ihrem feierlichen Gesang ertönte, sie begleitend, auch die Musik … Und diese Musik war das verhallende Getöse des Donners, der, als das Gewitter vorüber war, sich grollend in der Ferne verlor; war das Brausen des Windes, der in den Schlünden des Gebirges stöhnte; war das einförmige Rauschen des von Fels zu Fels fallenden Wassersturzes … und das durch die Risse sickernde Wasser … und das Krächzen des versteckten Uhus …

All das zusammen bildete eine Musik und noch ein Etwas, das sich nicht begreifen, ja, nicht einmal erklären ließ, ein Etwas wie der Widerhall von Orgeltönen, welche die Verse der mächtigen Hymne des reuigen königlichen Psalmisten begleiteten, mit so gewaltigen Klängen und Akkorden, wie es jene schrecklichen Worte selbst sind …

Dann folgte der Gottesdienst …

Dem Musiker, der alldem mit Schauder und Bewunderung lauschte, war es, als sei er dieser Welt entrückt, er glaubte, in jenem fantastischen Reiche der Träume zu weilen, wo alle Dinge sich in nie gehörten und nie geschauten Formen zeigen …

Eine furchtbare Erschütterung riss ihn aus der Betäubung, die sich all seiner Sinne bemächtigt hatte … Seine Nerven zuckten unter dem Einfluss einer ungeheuren Aufregung, seine Zähne klapperten mit einem Beben, das er nicht zu unterdrücken vermochte, und ein Trost drang ihm bis ins Mark seiner Knochen …

Die Mönche sangen eben jene furchtbaren Worte des Miserere:

„In iniquitatibus conceptus sum; et in peccatis conce-

pit me mater mea. – In Missetaten bin ich gezeugt, und in Sünden empfing mich meine Mutter."

Als dieser Vers verklungen war und von Wölbung zu Wölbung getragen im Echo nachsummte, erhob sich ein furchtbares Wehklagen, wie ein Schmerzensschrei aus der Brust der ganzen Menschheit im Bewusstsein ihrer Missetaten herausgeschleudert; ein Aufschrei voll Schauer, in dem alle Klagen des Elends sich mit dem Heulen des Verzweifelnden und den Flüchen und Lästerungen der Gottlosen vereinten, ein ungeheuerlicher Chorus aller jener, die in Missetaten empfangen worden sind ... und in Sünden dahinleben.

Der Gesang wurde fortgesetzt, halb dumpf und schwermütig, bald einem Sonnenstrahl gleich, der das Dunkel der Gewitterwolken durchbricht ... auf den Blitz des Schreckens folgte ein Blitz des Jubels, bis in plötzlicher Verwandlung das ganze Gotteshaus in himmlischem Lichte erstrahlte ...

Das Gebein der Mönche bedeckte sich mit Fleisch; ein flammender Heiligenschein glänzte rings um ihre Häupter ... die Kuppel der Kirche barst, und über ihr sah man den Himmel, ein Weltmeer voll Licht und Glanz sich den Blicken der Gerechten öffnend ...

Die Seraphime ... Erzengel ... Engel und Heerscharen des Himmels begleiteten mit einer Jubelhymne den folgenden Vers, der zum Throne des Herrn emporstieg wie ein Strom von Harmonien, wie eine gigantische Wolke duftigen Weihrauchs:

„... Auditu meo dabis gaudium et laetitiam et exultabunt ossa humiliata ... – Meinem Gehör wirst du Freude und Fröhlichkeit geben, und frohlocken werden die erniedrigten Gebeine."

In diesem Augenblick beraubte jene blendende Lohe

den Pilger des Sehvermögens, in seinen Schläfen brannte und hämmerte es, vor seinen Ohren brauste es, und er sank besinnungslos zur Erde ... und hörte nichts mehr ...

III.

Am folgenden Tage gewahrten die friedsamen Mönche der Abtei von Fitero, denen der Laienbruder vom wunderlichen Besuch der verflossenen Nacht erzählt hatte, den fremden Wanderer, aschfahl und wie von Sinnen gekommen durch die Pforte eintreten ...

„Habt Ihr endlich das Miserere gehört?", fragte ihn mit einem Anflug von Spott der Laienbruder und warf einen verständnisvollen Blick auf seine Oberen ...

„Ja!", entgegnete der Pilger.

„Und wie hat es Euch gefallen?"

„Ich will es niederschreiben; gebt mir ein Obdach in Eurem Kloster", fuhr der Fremde fort, indem er sich an den Abt wendete, „Obdach und Brot auf einige Monate, und ich hinterlasse Euch ein unsterbliches Kunstwerk, ein Miserere, das meine Schuld vor Gottes Augen tilgen wird, mein Andenken verewigt und zugleich damit auch den Namen dieser Abtei!"

Die Mönche überredeten aus Neugier den Abt, diese Bitte zu erfüllen; endlich gab der Abt aus Mitleid, denn er hielt ihn für einen Wahnsinnigen, seine Einwilligung, und der Musiker ließ sich im Kloster nieder und begann sein Werk.

Tag und Nacht arbeitete er mit unermüdlichem Fleiß.

Mitten in der Arbeit hielt er inne, und es war, als horche er auf etwas, das in seiner Fantasie ertöne ... seine

Augensterne erweiterten sich, er sprang vom Sessel auf und rief: „So ist es! Ja, ja! … Kein Zweifel mehr … so war es!"

Und von neuem begann er wieder Noten zu schreiben, mit fieberhafter Hast, dass er oft von denen bewundert wurde, die ihn unbemerkt beobachten konnten.

Er hatte die ersten Verszeilen geschrieben und die folgenden, bis etwa an die Mitte des Psalmes, aber als er zum letzten gekommen war, den er in den Bergen gehört hatte, war es ihm unmöglich fortzufahren.

Er schrieb einen, zwei … hundert, zweihundert Entwürfe, aber alles umsonst!

Seine Musik glich nicht der, die er in der Montana hörte, und der Schlaf floh seine Lider … er aß nicht … das Fieber entzündete seinen Kopf … und er wurde wahnsinnig und starb endlich, ohne das Miserere zu vollenden, das die Mönche nach seinem Tode als Merkwürdigkeit aufbewahrt haben und das bis heute im Archiv der Abtei liegt.

Der Totenschädel

Ein Student, der in einer Stadt lebte, in deren Nähe vor mehreren Jahren eine Schlacht geliefert worden war, ging einst über das Schlachtfeld und sah, dass ein Bauer einen Totenkopf, den er beim Pflügen gefunden hatte, auf die Seite warf. Alle Knochen am Schädel waren noch unversehrt, nur in der Stirn befand sich ein Loch wie von einer Flintenkugel, durch die derjenige, dem der Kopf einst auf der Schulter gesessen hatte, getötet worden sein mochte.

Der Student nahm den Schädel mit nach Hause und gab ihm einen Ehrenplatz in seinem Schlafzimmer, so heftig auch seine Aufwärterin dagegen wetterte, weil sie sich jedes Mal schrecklich fürchtete, wenn sie das Bett machen sollte. Vergeblich versuchte ihr der Student klar zu machen, dass ihr dieser leblose Menschenschädel so wenig tun konnte wie ein Kalbskopf, den sie ja öfter unter den Händen gehabt hatte, um ihn zu kochen. Die Aufwärterin fand zwar dieses Argument des Studenten vernünftig und fing an, sich selbst ihrer Furcht zu schämen, doch schaffte sie es nicht, diese zu überwinden. Eines Tages sagte sie dem Studenten, sie gehe nicht wieder in die Kammer, weil sie heute ganz deutlich gesehen habe, dass der grässliche Schädel sich bewegt habe. Der Student bot all seine Überzeugungskraft auf, um ihr zu beweisen, dass dies nicht möglich sei, und brachte sie schließlich dahin, in der Kammer wieder aufzuräumen und das Bett zu richten.

Am nächsten Tag kam der Student von einem Spazierritt zurück. Er hörte von Nachbarn, dass seine Aufwärterin sprachlos und todkrank im Bett liege und kein Mensch wisse, was ihr geschehen sei. Er eilte zu ihr und fand sie unter den Händen geschäftiger Ärzte, durch deren Hilfe die Kranke, von einer guten Natur, bald so weit gebracht wurde, dass sie das Bewusstsein und auch die Sprache einigermaßen wiedererlangte. Zögernd und voller Angst erzählte sie, der Totenkopf lebe, sei vom Tisch herabgesprungen und habe sie in den Fuß beißen wollen. Der Student glaubte von alledem kein Wort. Er versuchte, die gute Frau zu beruhigen, und kehrte dann in seine Wohnung zurück, wo er den Schädel auf dem Boden liegend fand. Er hob ihn auf und stellte ihn wieder an seinen alten Platz. Dabei erschien es ihm zum ersten Mal, als schaue ihn das Ding seltsam böse an. Doch unterdrückte er seine Beunruhigung und lachte nur. Als der Student in dieser Nacht zu Bett gegangen und eingeschlafen war, sah er sich plötzlich auf ein Schlachtfeld versetzt. Er glaubte sich zwischen einer Kette vorrückender Infanteriesoldaten und hörte, wie ein Soldat zum anderen sagte: „Kamerad, wenn uns hier eine Kugel trifft, werden wir nicht einmal in geweihter Erde ruhen.“ Dann erfolgte eine Salve, und einer der beiden Soldaten stürzte tot zu Boden. In diesem Augenblick erwachte der Student. Er glaubte, geträumt zu haben, sah aber unwillkürlich sogleich zu dem Schädel hinüber, der auf dem Tisch lag. Wer beschreibt sein Erstaunen, als er dort in den Augenhöhlen unter den Stirnknochen ein Funkeln wie von feurigen Kohlen wahrnahm und gleichzeitig ein knackendes, beinernes

Geräusch hörte, das ihm den Schweiß auf die Stirn trieb. Ganz langsam bewegte sich der Schädel auf der Tischplatte vorwärts. Jetzt näherte er sich dem Rand, fiel scheppernd zur Erde und schob sich dort klappernd und knarrend gegen das Bett hin vor. Wie gebannt von seiner Angst beobachtete der Student den unheimlichen Vorgang, bis der Schädel zu ihm ins Bett sprang, wo er sich auf der Bettdecke, wie ein Frosch hüpfend und in den Kinnladen klappernd, auf sein Gesicht zubewegte. Der Student schrie laut auf, gedachte der Furcht seiner Aufwärterin und seiner eigenen Überheblichkeit, und schließlich entrang sich seinen zitternden Lippen ein Vaterunser, worauf der Schädel seinerseits nun wie gebannt auf der Stelle blieb, auf der er sich gerade befand. Kurz darauf schlug es von einem nahe gelegenen Kirchturm ein Uhr. Beim Glockenschlag leuchtete der Schädel innen rot und grün auf und fuhr, von einem Schweif Pulverdampf gefolgt, hinüber zum Tisch.

Am nächsten Morgen, als es hell war und die Sonne schien, war der Student geneigt, alles, was er in der Nacht gesehen und gehört hatte, nur seiner erregten Einbildungskraft zuzuschreiben. Doch fand er seine Bettdecke versengt. Auch bestätigten ihm Freunde, die er herbeirief, dass es im Zimmer nach Pulverdampf roch. Da beschloss er, sich von dem Schädel zu trennen, und sorgte dafür, dass dieser in geweihter Erde beigesetzt wurde.

Das Hemd des Gespenstes

Einst saß ein lustiger Geselle im Wirtshaus, spielte Karten und trank lustig drauflos, da fing einer an, allerhand Hexen- und Teufelsgeschichten zu erzählen, und den andern gruselte es in seiner Haut. Da sagte einer: „Jetzt wird wohl keiner auf den oberen Kirchhof gehen wollen!“ – „Oje“, sagte Lieschen, das Schenkmädchen im Wirtshause, „das will ich wohl tun, was gilt die Wette?“ Man wettete vier gute Groschen, und es ward ausgemacht, dass das Schenkmädchen zum Beweis einen Rosenkranz von einem Grab holen sollte. Sie sagte: „Topp, die Wette gilt!“, und ging. Als sie den Kranz hatte, da sah sie auf einem Grab einen Geist sitzen, der ein weißes Hemd anhatte. „Halt“, dachte sie, „das Hemd könnte ich brauchen“, und beim Vorübergehen nahm sie ihm das Hemd weg, sagte aber zu Hause nichts davon, sondern nahm stillschweigend ihre vier Groschen und wartete, bis alle fort waren; dann legte sie sich zu Bett. Aber um Mitternacht klopfte der Geist an ihr Fenster und rief im tiefen Grabeston: „Lieschen, mein Hemd!“, und so geschah es dreimal, aber das Lieschen zog die Bettdecke über den Kopf und sagte nichts. In der nächsten Nacht kam der Geist wieder und forderte wieder dreimal das Hemd, Lieschen sagte wieder nichts. Als aber der Geist in der dritten Nacht wieder kam, da sagte er: „Lieschen, hängt morgen Nacht um zwölf Uhr mein Hemd nicht auf dem Kirchhof so um mich wie vorgestern, musst du mit ins Grab!" Nun hatte Lieschen keine Ruhe mehr, sondern sie sagte es dem Pastor, und der rief die Gemeinde zusammen. In der Nacht um elf Uhr ging ein großer Zug mit Fackeln und Lichtern und Chorknaben singend zu dem Kirchhof, Lieschen in Büßerkleidern mit dem Geisterhemd voran. Als sie dorthin kamen, sahen sie den Geist, die Chorknaben schwiegen, und Lieschen ging weinend auf den Geist los. Sie versuchte, ihm das Hemd überzuhängen, aber es wollte nicht gehen, und dabei verging die Zeit, die Glocke schlug zwölf. Sie schrie auf, da sprang der Geist auf sie los und riss sie mit sich ins Grab.

Agatha Christie

Die Lampe

Es war unzweifelhaft ein altes Haus. Der ganze Ort war alt, von jenem abweisenden, ehrwürdigen Alter, das man so oft in Städten mit Kathedralen trifft. Das Haus Nummer 19 machte den Eindruck, als sei es das älteste von allen. Es stand in wahrhaft patriarchalischer Strenge – seine Türmchen waren vom grauesten Grau, von der hochmütigsten Hochmütigkeit, vom frostigsten Frost. Streng, achtungsgebietend und von der besonderen Einsamkeit geprägt, die allen Häusern eigen ist, die lange Zeit unbewohnt sind, dominierte es über die anderen Wohnhäuser.

In jeder anderen Stadt hätte man es sicherlich als Spukhaus bezeichnet, aber Weyminster hegte einen tiefen Widerwillen gegen Geister und betrachtete sie im Allgemeinen nicht als verehrungswürdig, außer wenn es sich um frühere Angehörige der Grafschaftsfamilie handelte. So wurde dem Haus das Gerücht des Spuks verwehrt. Es stand Jahr für Jahr „zu vermieten" und „zu verkaufen".

Mrs Lancaster betrachtete das Haus wohlwollend, als es ihr der geschwätzige Immobilienmakler zeigte. Er war ungewöhnlich heiterer Stimmung bei dem Gedanken, die Nummer 19 bald aus seinen Büchern streichen zu können. Als er den Schlüssel ins Haustürschloss steckte, redete er ununterbrochen auf sie ein und sparte weder mit lobenden Kommentaren noch mit Komplimenten.

„Wie lange steht das Haus leer?", erkundigte sich Mrs Lancaster, indem sie seinen Wortschwall brüsk unterbrach.

Mr Raddish von der Firma Raddish & Foplow wand sich verlegen.

„Äh – äh – einige Zeit", bemerkte er sanft.

„Das habe ich mir gedacht", sagte Mrs Lancaster trocken. Die spärlich beleuchtete Vorhalle war eiskalt, feucht und düster. Eine fantasievollere Frau hätte einen unheimlichen Schauer verspürt, aber diese Frau war ausschließlich praktisch veranlagt. Sie war hoch gewachsen, ihr Haar war dunkelbraun und voll, mit einem leichten grauen Schimmer, und ihre Augen waren von kaltem Blau.

Sie untersuchte das Haus vom Speicher bis zum Keller genau und stellte von Zeit zu Zeit Fragen. Als die Inspektion vorbei war, ging sie in eines der Zimmer, deren Fenster zur Straße lagen, und blickte mit entschlossener Miene dem Agenten ins Auge.

„Was ist mit diesem Haus los?"

Mr Raddish tat sehr verwundert.

„Ein unbewohntes Haus wirkt immer ein wenig unheimlich. Das ist natürlich", parierte er schwach.

„Unsinn", sagte Mrs Lancaster. „Die Miete ist lächerlich niedrig für das Haus, rein nominell – so, als ob man aus bestimmten Gründen sich nicht getrauen würde, es gleich zu verschenken. Dafür muss es doch einen Grund geben. Ich nehme an, es spukt hier."

Mr Raddish schüttelte nervös auflachend den Kopf, sagte aber nichts. Mrs Lancaster beobachtete ihn neugierig. Nach einigen Augenblicken sprach sie weiter:

„Natürlich ist das Unsinn, ich glaube nicht an Geister oder Ähnliches, und es hat keinen Einfluss darauf, ob ich das Haus nehme oder nicht. Aber die Bediensteten sind leider abergläubisch und ängstlich. Es wäre also nett von Ihnen, mir zu erzählen, welcher Art der Spuk in diesem Haus sein soll.

„Äh, das weiß ich wirklich nicht", stammelte der Häuseragent.

„Doch, Sie wissen es", sagte die Dame ruhig. „Ich kann das Haus nicht nehmen, wenn ich das nicht weiß. Was war los? Ein Mord?"

„Nein, nein!", rief Mr Raddish, empört bei dem Gedanken, dass etwas so Entsetzliches mit der Ehrbarkeit des Platzes in Verbindung gebracht werden konnte. „Es ist – es ist ein Kind."

„Ein Kind?"

„Ja. Ich kenne die Geschichte nicht genau", begann er zögernd. „Es gibt die verschiedensten Versionen, aber ich hörte, dass vor ungefähr dreißig Jahren ein Mann namens William die Nummer 19 nahm. Niemand wusste etwas über ihn. Er hielt keine Diener. Er hatte keine Freunde. Er ging tagsüber selten aus. Er hatte ein Kind, einen kleinen Jungen. Nachdem er zwei Monate hier gewesen war, ging er nach London, und kaum hatte er den Fuß in die Stadt gesetzt, als man ihn als einen „von der Polizei Gesuchten" erkannte. Weswegen, weiß ich nicht. Aber es muss ein schweres Verbrechen gewesen sein, denn bevor man ihn fassen konnte, zog er es vor, sich selbst zu erschießen. In der Zwischenzeit war das Kind hier allein in dem Haus. Es hatte zwar noch für eine Zeit lang zu essen, aber es wartete vergeblich Tag für Tag darauf, dass sein Vater zurückkäme. Unglücklicherweise war ihm eingetrichtert worden, unter keinen

Umständen das Haus zu verlassen noch mit jemandem zu sprechen. Es war ein schwaches, kränkliches, kleines Geschöpf und dachte nicht im Traum daran, dem Befehl seines Vaters zuwiderzuhandeln. Nachts hörten es die Nachbarn, die nicht wussten, dass sein Vater fortgegangen war, oft in der schrecklichen Einsamkeit und Verlassenheit des düsteren Hauses wimmern."

Mr Raddish machte eine Pause.

„Und dann ist das Kind verhungert", schloss er im gleichen Tonfall, in dem er auch hätte sagen können, es würde gleich zu regnen anfangen.

„Und jetzt nimmt man an, dass der Geist des Kindes in dem Haus herumspukt?", fragte Mrs Lancaster besorgt.

„Es ist nichts von Bedeutung", beeilte sich Mr Raddish zu versichern. „Man hat nie etwas gesehen, nur – es ist natürlich lächerlich, wenn die Leute behaupten, sie hörten das Kind weinen, wissen Sie."

Mrs Lancaster ging auf die Haustür zu.

„Mir gefällt das Haus", entschied sie. „Für diesen Preis werde ich nichts Besseres finden. Ich werde darüber nachdenken, dann gebe ich Ihnen Bescheid."

„Es sieht wirklich heiter aus, nicht wahr, Papa?"

Mrs Lancaster betrachtete ihr neues Besitztum voller Genugtuung. Bunte Teppiche, polierte Möbel und viele Nippsachen hatten die Nummer 19 mit ihrer Düsterkeit völlig verwandelt.

Sie sprach mit einem mageren, etwas gebeugten alten Mann mit krummen Schultern und einem fein geschnittenen, geheimnisvollen Gesicht.

Mr Winburn hatte keinerlei Ähnlichkeit mit seiner Tochter, man konnte sich kaum einen stärkeren Gegensatz vorstellen. Sie war resolut und praktisch, er verträumt und abwesend.

„Ja", antwortete er lächelnd, „keiner käme auf die Idee, in dem Haus einen Spuk zu vermuten."

„Papa, rede keinen Unfug! Und das an unserem ersten Tag."

Mr Winburn lächelte.

„Nun gut, mein Liebling, einigen wir uns darauf, dass es so etwas wie Geister nicht gibt."

„Und bitte", fuhr Mrs Lancaster fort, „erwähne nichts davon vor Geoff. Er hat zu viel Fantasie."

Geoff war Mrs Lancasters kleiner Bub. Die Familie bestand aus Mr Winburn, seiner verwitweten Tochter und Geoffrey.

Der Regen schlug gegen die Fensterscheiben – tripp-trapp, tripp-trapp.

„Hör mal?", fragte Mr Winburn. „Klingt das nicht wie kleine Schritte?"

„Es klingt nach Regen", sagte Mrs Lancaster mit einem Lächeln. „Aber das – das sind Schritte!", schrie ihr Vater und beugte sich vor, um besser lauschen zu können.

Mrs Lancaster lachte laut auf.

„Tatsächlich, du hast Recht. Da kommt Geoff die Treppe herunter."

Mr Winburn musste auch lachen. Sie tranken Tee im Salon, und er hatte mit dem Rücken zur Treppe gesessen. Jetzt rückte er seinen Stuhl herum, um besser zur Treppe sehen zu können.

Da kam gerade der kleine Geoffrey herunter, ziemlich langsam und zögernd, mit der Scheu des Kindes vor einem fremden Haus. Die Treppen waren aus polierter Eiche, und es lag kein Läufer darauf. Er kam herüber und stellte sich neben seine Mutter. Mr Winburn fuhr leicht hoch. Während das Kind durch die Halle gekommen war, hatte er deutlich andere Fußtritte auf der Treppe gehört. Wie von jemandem, der Geoffrey nachschlich. Schleppende Schritte, die merkwürdig gequält klangen.

Dann zuckte Mr Winburn ungläubig die Achseln. „Sicher der Regen, sicher der Regen", dachte er.

„Ich sehe, ihr habt Sandkuchen", bemerkte Geoff mit der bewundernswert unbeteiligten Miene von jemandem, der eine interessante Tatsache hervorhebt.

Seine Mutter beeilte sich, seinem Wink zu entsprechen.

„Nun, mein Schatz, wie gefällt dir dein neues Heim?", fragte sie.

„Au, prima", entgegnete Geoffrey, eifrig kauend. „Ganz prima, einmalig."

Nach dieser letzten Aussage, die offensichtlich Ausdruck tiefster Zufriedenheit war, verfiel er in Schweigen, einzig noch bedacht, den Sandkuchen in kürzestmöglicher Frist aus menschlicher Sicht zu entfernen. Nachdem er den letzten Bissen hinuntergeschlungen hatte, begann er zu erzählen.

„Oh, Mami, hier gibt's Speicher, sagt Jane. Kann ich gleich mal raufgehen und sie untersuchen? Vielleicht gibt's da Geheimtüren. Jane sagt, es gebe keine, aber es gibt doch welche – bestimmt, und ich weiß auch, dass es dort Wasserleitungen gibt.

Kann ich damit spielen, und darf ich mal den Boiler sehen?"

Das vorletzte Wort hatte er mit einer solchen Begeisterung ausgesprochen, wobei seinem Großvater ärgerlich einfiel, dass dieses Objekt kindlichen Entzückens in seiner eigenen Beurteilung leider nur die Vorstellung von heißem Wasser, das gar nicht warm war, und von hohen und zahlreichen Rechnungen der Rohrleger hervorrief.

„Die Speicher werden wir uns morgen ansehen, mein Kind", sagte Mrs Lancaster. „Wie wäre es denn, wenn du dir deine Bauklötze holtest und ein hübsches Haus bautest? Oder eine Lokomotive?"

„Will aber kein Haus bauen. Kein Haus und auch keine Lokomotive."

„Bau doch einen Boiler", schlug der Großvater vor.

Geoffrey strahlte.

„Mit Leitungen?"

„Ja, mit ganz vielen Leitungen, hörst du?"

Geoffrey rannte schon glückstrahlend los, seine Bauklötze zu holen.

Es regnete noch immer. Mr Winburn lauschte. Ja, es musste doch wohl der Regen gewesen sein, was er da gehört hatte; aber es hatte sich täuschend ähnlich wie Schritte angehört.

In der darauf folgenden Nacht hatte er einen sonderbaren Traum. Er träumte, er spaziere durch die Stadt, eine Großstadt, wie ihm schien. Aber es war eine Kinderstadt. Es gab überhaupt keine Erwachsenen darin; nur Kinder, in ganzen Mengen. In seinem Traum rannten sie alle auf den Fremden zu, indem sie schrien: „Hast du ihn mitgebracht?" Ihm schien, er habe verstanden, was sie meinten, und schüttelte den Kopf. Als die Kinder das sahen, wandten sie sich ab und begannen zu weinen und bitterlich zu schluchzen. Die Stadt und die Kinder entschwanden, und er erwachte.

Er lag in seinem Bett, aber das bitterliche Schluchzen war noch in seinen Ohren. Obwohl hellwach, hörte er es ganz deutlich. Da fiel ihm ein, dass Geoffrey im Stockwerk unter ihm schlief, während das Geräusch kindlichen Jammers von oben kam. Er setzte sich auf und zündete ein Streichholz an. Sofort hörte das Schluchzen auf.

Mr Winburn sagte seiner Tochter nichts von seinem Traum und dem, was er gehört hatte. Er war davon überzeugt, dass es kein Streich oder gar eine Einbildung seinerseits war. Tatsächlich hörte er bald darauf wieder etwas, und zwar am hellichten Tag. Der Wind heulte im Kamin, aber da war noch ein anderes Geräusch – deutlich hörbar: herzzerreißende kleine Schluchzer.

Er bekam auch bald heraus, dass er nicht der Einzige war, der dies hörte. Er kam hinzu, wie das Dienstmädchen zum Stubenmädchen sagte, dass sie glaube, das Kindermädchen sei nicht gut zum kleinen Geoffrey, denn sie hätte gehört, wie schrecklich er heute Morgen geweint habe. Später kam Geoffrey zum Frühstück und zum Mittagessen herunter, strahlend vor Gesundheit und Glück. Und Mr Winburn wusste, dass es nicht Geoffrey gewesen sein konnte, den das Dienstmädchen weinen gehört hatte, sondern das andere Kind, dessen schleppende Schritte ihn mehr als einmal hatten hochfahren lassen.

Nur Mrs Lancaster hörte nichts. Ihre Ohren waren vielleicht nicht empfänglich für Geräusche aus einer anderen Welt. Doch eines Tages erhielt auch sie einen Schock.

„Mami", sagte Geoffrey mit kläglicher Stimme. „Ich möchte, dass du mich mit dem kleinen Jungen spielen lässt."

Mrs Lancaster sah mit einem Lächeln von ihrem Schreibtisch auf.

„Mit was für einem Jungen denn, mein Liebling?"

„Ich weiß nicht, wie er heißt. Er war auf dem Speicher, er saß da auf dem Fußboden und weinte, aber er rannte weg, als er mich sah. Ich glaube, er ist sehr scheu" – ein Schimmer von Zufriedenheit huschte dabei über Geoffreys Gesichtchen –, „nicht wie ein richtiger Junge; und dann, als ich im Spielzimmer war, habe ich ihn wieder gesehen. Er stand in der Tür und sah mir zu, wie ich mit den Bauklötzen spielte, dabei sah er so schrecklich allein aus und so, als ob er mit mir spielen wollte. Ich habe gesagt: ‚Komm und bau eine Lokomotive!' Aber er sagte nichts, er schaute nur so. Weißt du, Mami – als ob er ganz viel Schokolade sähe, aber seine Mami ihm verboten hätte, davon zu nehmen."

Geoffrey seufzte tief, traurige persönliche Erinnerungen aus seinem Kinderleben erfüllten ihn.

„Und dann hab ich Jane gefragt, wer das wäre, und ich habe ihr gesagt, dass ich mit ihm spielen möchte. Da hat sie geantwortet, es sei gar kein kleiner Junge im Haus, und ich solle kein dummes Zeug reden ... Ich mag Jane nicht."

Mrs Lancaster stand auf.

„Jane hat aber Recht. Es gibt hier keinen kleinen Jungen."

„Aber ich habe ihn doch gesehen. O Mami, lass mich doch mit ihm spielen, er sah so schrecklich allein aus und so unglücklich. Ich will, dass er sich wohler fühlt."

Gerade wollte Mrs Lancaster wieder etwas sagen, als ihr Vater den Kopf schüttelte.

„Geoff", sagte er sanft, „dieser arme kleine Junge ist allein. Vielleicht kannst du etwas tun, damit er sich wohler fühlt; aber wie, das kannst nur du selber herausfinden – wie in einem Puzzlespiel, verstehst du?"

„Du meinst, weil ich jetzt schon so groß bin, kann ich das ganz allein?"

„Ja, weil du jetzt schon so groß bist."

Als der Junge aus dem Zimmer gegangen war, wandte sich Mrs Lancaster ungeduldig ihrem Vater zu.

„Papa, das ist doch wirklich absurd. Du bestätigst dem Jungen das, was er von den Dienstmädchen hört?"

„Kein Dienstmädchen hat dem Kind etwas erzählt", sagte der alte Mann freundlich. „Er hat nur gesehen, was ich nur gehört habe – was ich vielleicht selber gesehen hätte, wenn ich noch in seinem Alter wäre."

„Aber das ist doch ein kompletter Unfug! Warum höre oder sehe ich denn nichts?"

Mr Winburn lächelte, ein merkwürdiges müdes Lächeln, aber er antwortete nichts.

„Warum?", wiederholte seine Tochter. „Und warum hast du ihm auch noch gesagt, er könnte diesem – diesem Gespenst helfen? Das ist doch – das ist doch unmöglich."

Der alte Mann sah sie freundlich und nachdenklich an.

„Warum nicht?", sagte er. „Hast du das kleine Gedicht vergessen?

‚Welche Lampe hat die Bestimmung, ihre kleinen Kinder, die im Dunkeln irren, zu führen? Ein sechster Sinn, antwortete der Himmel.'

Geoffrey hat ihn – den ‚sechsten Sinn'. Alle Kinder haben ihn. Wenn wir erwachsen werden, verlieren wir ihn, das heißt, wir werfen ihn fort. Wenn wir dann wieder ganz alt werden, kommt manchmal ein schwacher Abglanz davon zurück. Aber diese Lampe leuchtet in der Kindheit am hellsten."

„Ich verstehe kein Wort", murmelte Mrs Lancaster schwach.

„Alles verstehe ich auch nicht. Nur eines habe ich sicherlich verstanden, dass hier ein Kind tiefen Kummer hat und sich nur eines wünscht – davon befreit zu werden. Aber wie? Ich weiß es nicht, aber es ist schrecklich, es zu wissen. Das Kind schluchzt sich das Herz aus dem Leibe."

Einen Monat nach dieser Unterhaltung wurde Geoffrey krank. Der Ostwind war kalt gewesen, und Geoff war kein sehr widerstandsfähiges Kind. Der Arzt schüttelte den Kopf und sagte, es sei ein ernster Fall. Mr Winburn vertraute er etwas mehr an und bekannte, dass es ziemlich hoffnungslos wäre.

„Auf jeden Fall würde das Kind unter gar keinen Umständen so lange leben können, bis es erwachsen wäre", fügte er hinzu. „Es hat schon lange einen schweren Lungenschaden."

Als Mrs Lancaster Geoff pflegte, bemerkte auch sie etwas – von dem anderen Kind. Zuerst waren die Schluchzer ein kaum zu unterscheidender Teil des Windbrausens, aber allmählich wurden sie immer deutlicher, unmissverständlicher. Schließlich hörte sie sie auch in Momenten völliger Stille: das Schluchzen eines Kindes – trostlos, hoffnungslos, mit gebrochenem Herzen.

Geoffs Gesundheitszustand wurde zusehends schlechter, und in seinem Delirium sprach er wieder und wieder von dem kleinen Jungen.

„Ich will ihm helfen, hier wegzukommen, ich will!", schrie er.

Auf das Delirium folgte ein Zustand der Lethargie. Geoffrey lag ganz still, er atmete kaum, ganz in Abwesenheit versunken.

Da konnte man nichts mehr tun, nur warten und wachen. Dann eine ruhige Nacht, still und klar, ohne einen einzigen Windhauch.

Plötzlich bewegte sich das Kind. Es öffnete die Augen. Es sah an seiner Mutter vorbei zur offenen Tür. Es versuchte zu sprechen, und sie beugte sich zu ihm herab, um die leise gehauchten Worte zu hören.

„Es ist gut, ich komme", flüsterte es, dann sank es zurück.

Die Mutter empfand plötzlich lähmendes Entsetzen, sie rannte durch das Zimmer zu ihrem Vater. Irgendwo in der Nähe lachte das andere Kind. Fröhlich, zufrieden, triumphierend – ein silberhelles Lachen echote durch den Raum.

„Ich habe Angst. Ich habe solche Angst", stöhnte sie.

Er legte schützend den Arm um ihre Schultern. Ein plötzlicher Windstoß ließ beide auffahren, aber er legte sich rasch wieder, und die Luft war wieder ruhig wie zuvor.

Das Lachen hatte aufgehört, als ein leises Geräusch entstand, so schwach, dass man es zuerst kaum hören konnte, doch es wurde lauter und lauter, bis sie es ganz deutlich erkennen konnten. Schritte – leichte Schritte, die schnell näher kamen …

Tripp-trapp, tripp-trapp … Sie begannen zu rennen, diese wohl bekannten, leichten kleinen Füßchen. Da – jetzt kamen deutlich andere Fußtritte dazu, vermischten sich mit den ersteren, und beide näherten sich mit noch leichteren, noch schnelleren Schritten.

Im Einklang hasteten sie zur Tür.

Dann weiter … tripp-trapp … durch die Tür, an ihnen vorbei … tripp-trapp … unsichtbar gingen die Füße der beiden Kinder im gleichen Takt.

Mrs Lancaster blickte verzweifelt auf.

„Jetzt sind es zwei, Vater – zwei!"

Bleich vor Angst wollte sie zu Geoffreys Bett zurück, doch ihr Vater hielt sie sanft zurück und deutete auf die geöffnete Tür.

„Da", sagte er tonlos.

Tripp-trapp, tripp-trapp ... schwächer und schwächer wurden die Schritte.

Und dann – Stille.

Chinesisches Märchen

Die Geister der Erhängten

In Tsingtschoufu lebte ein Mann, der die militärische Vorprüfung bestanden hatte und nach Tsinanfu musste, um sich dort zu stellen. Es war zur Regenzeit. So traf es sich, dass er, von Schlamm und Regen aufgehalten, nur langsam vorwärts kam und abends das Herbergsdorf nicht mehr erreichte. Nach Sonnenuntergang kam er an ein kleines Dorf und bat um Unterkunft. Aber im ganzen Dorf gab es nur ärmliche Familien, die keinen Platz in ihren Häusern hatten. So wiesen sie ihn denn zu einem alten Tempel vor dem Dorfe, damit er dort übernachten konnte.

Die Götterbilder in dem Tempel waren ganz verfallen, sodass man sie nicht mehr unterscheiden konnte. Dichte Spinnengewebe überzogen die Tür, und zollhoch lag der Staub. So ging der Mann hinaus ins Freie. Da fand er eine alte Treppenstufe. Er breitete die Reisetasche auf dem Stein aus, band sein Pferd an einen alten Lebensbaum, holte die Feldflasche aus der Tasche, machte sich's bequem und trank. Der Tag war heiß gewesen. Der Mond neigte sich zum Untergang. Der Mann war vom Trinken angenehm benebelt, schloss die Augen und wollte schlafen.

Plötzlich hörte er im Tempel ein raschelndes Geräusch. Ein kühler Wind strich ihm über das Gesicht, sodass er zusammenschauerte. Da sah er eine Frau aus dem Tempel herauskommen in alten, schmutzigen roten Kleidern, das Gesicht kreideweiß wie eine getünchte Wand. Vorsichtig schlich sie vorüber, als fürchtete sie, einem Menschen zu begegnen. Dem Soldaten fehlte es nicht an Mut. So stellte er sich schlafend und regte sich nicht. Mit halb geschlossenen Augen blinzelte er nach ihr. Da sah er, wie sie aus dem Ärmel einen Strick hervornahm und verschwand. Er merkte nun, dass er's mit einem erhängten Gespenst zu tun hatte. Leise erhob er sich und folgte ihr auf dem Fuß. Sie ging ins Dorf. Als sie an ein Haus kam, da schlüpfte sie durch eine Türspalte in den Hof. Der Soldat sprang über die Mauer ihr nach. Es war ein Haus mit drei Zimmern. Im hintersten brannte eine Lampe mit trübem Schein. Er blickte durch die Fensterritze in das Zimmer. Da sah er eine Frau von etwa zwanzig Jahren, die saß auf ihrem Bett und seufzte tief, und von ihren Tränen war ihr Tuch ganz nass geworden. Neben ihr lag ein kleines Kind, das schlief. Die Frau blickte nach dem Dachbalken hinauf. Bald weinte sie, bald streichelte sie das Kind. Als der Soldat näher hinsah, da war der Geist der Erhängten auf dem Balken. Den Strick hatte sich das Gespenst um den Hals gelegt und machte die Bewegung des Erhängens. Sooft es mit der Hand winkte, sah die Frau zu ihm hinauf. So dauerte es eine lange Zeit.

Endlich sprach die Frau: „Du sagst, es sei am besten zu sterben. Gut, ich will sterben; aber ich kann mich von dem Kind nicht trennen."

Dann brach sie wieder in Tränen aus. Das Gespenst lachte und lockte sie aufs Neue.

Da sprach die Frau entschlossen: „Es ist aus. Ich will sterben."

Mit diesen Worten öffnete sie ihre Kleiderkiste, zog

neue Kleider an und schminkte sich vor dem Spiegel. Dann zog sie eine Bank heran und stieg hinauf. Sie band ihren Gürtel ab und knüpfte ihn an den Balken. Schon hatte sie den Hals ausgestreckt und wollte hinunterspringen, da wachte das Kind plötzlich auf und fing an zu weinen. Die Frau stieg wieder hinunter und säugte ihr Kind und tätschelte es auf den Rücken. Und wie sie tätschelte, da weinte sie, sodass die Tränen wie eine Perlenschnur aus ihren Augen fielen. Das Gespenst runzelte die Stirn und zischte, als fürchte es, seine Beute zu verlieren. Nach einer kleinen Weile war das Kind wieder fest eingeschlafen, und die Frau sah wieder nach oben. Dann erhob sie sich, stieg auf die Bank und wollte eben mit der Hand die Schlinge um den Hals legen, als der Soldat laut zu schreien und gegen das Fenster zu trommeln begann. Er schlug es entzwei und stieg ins Zimmer hinein. Die Frau fiel zu Boden, und das Gespenst verschwand. Der Soldat brachte die Frau wieder zum Bewusstsein. Er sah von dem Balken einen Strick herunterhängen, wie eine Schleife ohne Ende. Weil er wußte, dass er dem Gespenst der Gehängten gehörte, nahm er ihn an sich.

Dann sprach er zu der Frau: „Gib gut Acht auf dein Kind! Man hat nur ein Leben zu verlieren."

Damit ging er hinaus. Es fiel ihm ein, dass sein Gepäck und sein Pferd noch im Tempel waren. Er ging nun, es zu holen. Als er vors Dorf hinauskam, da stand auch schon das Gespenst auf dem Weg und wartete auf ihn.

Die Frau verneigte sich und sprach: „Seit vielen Jahren such ich schon nach einer Stellvertretung, und heute, da es so weit war, habt Ihr mir das Geschäft verdorben. Da ist nichts mehr zu machen. Doch ich habe ein Ding, das ich in der Eile zurückgelassen habe. Sicher habt Ihr's gefunden. Ich bitte, mir's zurückzugeben! Wenn ich nur dieses Ding habe, so macht mir's nichts, dass ich keine Stellvertretung finde."

Da zeigte ihr der Soldat den Strick und sagte lachend: „Das ist wohl jenes Ding? Aber wenn ich dir's zurückgebe, so wird sich sicher jemand erhängen. Das kann ich nicht dulden."

Mit diesen Worten wickelte er sich den Strick um den Arm, trieb sie weg und sprach: „Geh! Geh!"

Nun wurde die Frau zornig. Ihr Gesicht wurde grünschwarz, ihr Haar hing wild zerzaust den Nacken herab, blutunterlaufen starrten ihre Augen, die Zunge hing weit aus dem Munde hervor. Sie streckte ihre beiden Hände aus und wollte den Soldaten fassen. Der aber schlug mit geballter Faust nach ihr. Aus Versehen schlug er sich dabei selbst an die Nase, sodass das Blut heruntertropfte. Er spritzte einige Tropfen Blut nach ihr, und weil die Geister Menschenblut nicht leiden mögen, so ließ sie ab von ihm, stellte sich einige Schritte von ihm auf und begann zu fluchen. So dauerte es eine gute Weile, bis der Hahn im Dorfe krähte. Da verschwand das Gespenst.

Inzwischen hatten auch die Bauern vom Dorf ihn gesucht, um ihm zu danken. Nachdem er nämlich die gerettete Frau verlassen hatte, war deren Mann nach Hause gekommen und fragte seine Frau über das Geschehene aus. Da erst erfuhr er, was sich zugetragen hatte. Die Nachbarn, die die Frau weinen hörten, versammelten sich vor ihrem Hause. So machten sie sich miteinander auf den Weg, um den Soldaten vor dem Dorf zu suchen. Sie fanden ihn, wie er noch immer mit den Fäusten in der Luft herumfuchtelte und heftig redete. Da riefen sie ihn an, und er erzählte, was ihm begegnet war. An seinem nackten Arm sah man jedoch noch den Strick, doch war er an dem Arm angewachsen und umgab ihn wie ein roter Ring von Fleisch. Dann schwang sich der Soldat auf sein Pferd und trabte davon.

William Fryer Harvey

Nacht über dem Moor

Es traf wirklich alles sehr unglücklich zusammen. Peggy hatte Fieber, fast achtunddreißig, und Schmerzen in der Seite. Mrs Workington Bancroft wusste, dass es Blinddarmentzündung war, aber sie hatte niemand, den sie zum Arzt schicken konnte.

James war mit dem Einspänner unterwegs zu ihrem Mann, dem es endlich gelungen war, sich von seinen Pflichten frei zu machen und für eine Woche auf die Jagd zu gehen.

Adolf hatte sie erst vor einer halben Stunde mit einer Nachricht für Lady Eva zu den Evershams geschickt.

Die Köchin war nicht zu entbehren, selbst wenn das Abendessen ohne sie serviert werden konnte.

Kate war, wie gewöhnlich, zu nichts zu gebrauchen.

Blieb nur noch Miss Craig.

„Sie müssen mir glauben, Peggy ist wirklich krank", sagte sie, als die Erzieherin ins Zimmer trat. „Unglücklicherweise ist aber sonst niemand da, den ich nach dem Arzt schicken kann." Mrs Workington Bancroft machte eine Pause, sie war stets bereit, ihren Angestellten die Möglichkeit zu lassen, von sich aus die Dienste anzubieten, die sie rechtlicherweise von ihnen verlangen konnte.

„Und deshalb dachte ich, Miss Craig", fuhr sie fort, „dass es Ihnen sicher nichts ausmachen würde, zum

Gutshaus der Tebbits hinüberzugehen. Wie ich gehört habe, wohnt dort gerade ein Arzt aus Liverpool. Ich kenne ihn zwar nicht, aber das Risiko müssen wir eben in Kauf nehmen, und er wird wohl ganz froh sein, auch etwas in seinen Ferien verdienen zu können. Ich weiß, es sind fast vier Meilen, aber ich hätte nicht im Traum daran gedacht, Sie zu bitten, wenn ich nicht so eine schreckliche Angst vor Blinddarmentzündung hätte."

„Na schön", sagte Miss Craig, „dann muss ich wohl gehen; aber ich kenne den Weg nicht."

„Oh, Sie können ihn gar nicht verfehlen", sagte Mrs Workington Bancroft und verzieh in ihrer Besorgnis die offensichtlich nur unwillig gegebene Zustimmung.

„Sie folgen der Straße durch das Moor ungefähr zwei Meilen weit, bis Sie zur ‚Redman-Kreuzung' kommen. Dann halten Sie sich links und nehmen den Fußweg durch die Lärchenschonung, und Tebbits Gut liegt gerade unter Ihnen im Tal."

„Und nehmen Sie Pontiff mit", fügte sie hinzu, als das Mädchen sich zum Gehen wandte. „Sie brauchen natürlich nichts zu fürchten, aber Sie werden sich bestimmt wohler fühlen, wenn Sie den Hund dabeihaben."

„Selbstverständlich muss sie es am besten wissen, Miss", sagte die Köchin, als Miss Craig in die Küche kam, um ihre Schnürstiefel zu holen, die am Feuer trockneten, „aber ich glaube nicht, dass es recht von der Herrin ist, Sie nach allem, was geschehen ist, noch so spät am Abend über das Moor zu schicken. Als ob der Doktor überhaupt etwas für Miss Margaret tun könnte, wenn Sie ihn tatsächlich mitbringen! Jedes Kind hat das einmal. Er wird nur sagen, dass sie ins Bett gehört, und da ist sie ohnehin schon."

„Ich verstehe nicht, wovor ich Angst haben sollte, Köchin", sagte Miss Craig, während sie ihre Schuhe zuschnürte, „es sei denn, ich glaubte an Geister."

„Ich würde da nicht so selbstsicher sein. Jedenfalls schlafe ich nicht gern in einem Bett, wo die Decke zu kurz ist, um sie über den Kopf zu ziehen. Aber lassen Sie sich nicht ins Bockshorn jagen, Miss. Ich glaube, Hunde, die bellen, beißen nicht."

Aber obwohl Miss Craig noch einige Minuten danach über die Vorstellung bellender Geister lächeln musste (die so grundverschieden von der allgemeinen Auffassung war, dass Geister zu heulen pflegen), fühlte sie sich doch nicht ganz wohl dabei.

Sie war von Natur aus nervös, und aus Erzählungen der Dienstboten, mit denen sie zusammen im Gesindehaus wohnte, erinnerte sie sich dunkel an einzelne Stellen „wahrer Begebenheiten", die im herrschaftlichen Wohnzimmer nur als Auswüchse der Fantasie kursierten.

Schon der Name „Redman-Kreuzung" ließ sie erschauern; dort musste es gewesen sein, wo jener entsetzliche Mord begangen worden war. Die Einzelheiten hatte sie vergessen, aber sie erinnerte sich an den Namen.

Ihr erstes Missgeschick kam bald genug.

Pontiff, von Natur aus etwas begriffsstutzig, brauchte über fünf Minuten, um herauszufinden, dass es nur die Erzieherin war, die er begleitete; kaum hatte er jedoch diese Entdeckung gemacht, als er auch schon auf der Stelle kehrtmachte, ohne sich im Geringsten um Miss Craigs schwaches Pfeifen zu kümmern. Ihr Unbehagen verstärkte sich noch, als es zu regnen begann – nicht in schweren Tropfen, sondern in Schwaden feinen Sprühregens, die der Wind vor sich hertrieb und die auch die wenigen noch im Moor vorhandenen Wegzeichen auslöschten.

Auf Tebbits Gut wurde sie sehr freundlich aufgenommen. Der Arzt war am Tage vorher nach Liverpool zurückgefahren, aber Mrs Tebbit gab ihr ein Glas heiße Milch und Kuchen. Dann schickte sie ihren widerstrebenden Sohn mit, um Miss Craig einen kürzeren Weg über das Moor zu zeigen, der nicht durch den Lärchenwald führte.

Der Junge war recht einsilbig, aber schon seine Gegenwart ermutigte. Als er sie am letzten Weidenzaun verließ, fühlte sie die Schwärze der Nacht mit doppelter Eindringlichkeit.

Müde schleppte sie sich weiter. Ihre Gedanken waren bereits wieder bei dem fast erschöpften Thema der bellenden Geister angelangt, als sie auf dem Weg hinter sich Schritte hörte, die sie in die Wirklichkeit zurückriefen. Im nächsten Augenblick tauchte die Gestalt eines Mannes auf. Miss Craig war erleichtert, als sie sah, dass der Fremde ein Geistlicher war. Er zog seinen Hut . „Ich nehme an, dass wir beide den gleichen Weg haben", sagte er. „Ich würde mich freuen, wenn ich Sie begleiten dürfte." Sie dankte ihm. „Nachts ist es hier recht unheimlich", fuhr sie dann fort, „und die vielen Geister- und Spukgeschichten, die man so von der Landbevölkerung hört, haben mich schon ganz ängstlich gemacht."

„Ich kann Ihre Nervosität gut verstehen", antwortete er, „besonders in einer Nacht wie heute. Einstmals ging es mir genauso, denn meine Arbeit hieß mich oft einsame Wege über das Moor zu abgelegenen Gehöften gehen, auf Pfaden, die selbst bei Tageslicht schwer genug zu finden waren."

„Und Sie sahen nie etwas, das Sie erschreckte – ich meine, nichts Übernatürliches?"

„Das kann ich eigentlich nicht sagen, aber vor elf Jahren hatte ich ein Erlebnis, das für mich den Wendepunkt in meinem Leben bedeutete, und da Sie sich zurzeit in etwa der gleichen seelischen Verfassung zu befinden scheinen wie ich damals, möchte ich es Ihnen erzählen:

Es war spät im September. Ich war drüben in Westondale gewesen, um eine alte Frau zu besuchen, die im Sterben lag. Gerade wollte ich mich wieder auf meinen Heimweg begeben, als mich die Nachricht erreichte, dass ein anderes Mitglied meiner Gemeinde an jenem Morgen plötzlich erkrankt war. Die Uhr zeigte schon auf sieben, als ich endlich aufbrechen konnte. Ein Bauer wies mir den Weg und begleitete mich noch bis an die Straße durchs Moor.

Der Sonnenuntergang des vorhergegangenen Tages war einer der schönsten, den ich je gesehen hatte. Das ganze, mächtige Himmelsgewölbe war mit kleinen weißen, rosig angehauchten Wölkchen übersät gewesen, wie mit verstreuten Blättern einer voll erblühten Rose.

Aber an jenem Abend war alles anders. Der Himmel zeigte eine eintönige schiefergraue Farbe, und nur in einem Zipfel im Westen verriet ein dünner schwefelgelber Streifen die Stelle eines düster verhangenen Sonnenunterganges. Während ich so dahinschritt, fröstelnd und mit müden Füßen, sank mein Mut. Es muss wohl der scharfe Gegensatz zwischen den beiden Abenden gewesen sein, der eine so lieblich und hoffnungsvoll – die Garben standen noch auf den Feldern –, der andere so finster und schwermütig unter dem ganzen Gewicht des Herbstes, der Ankündigung des nahen Winters. Und zu diesem niederdrückenden Gefühl gesellte sich eine andere Empfindung, die ich überrascht als Furcht erkannte.

Ich wusste jedoch nicht, warum ich mich fürchtete. Links und rechts von mir lag das Moor. Nur eine unregelmäßige Reihe zum Trocknen aufgehäufter Torfschollen, in Steinwurfsweite von der Straße entfernt, unterbrach die ebene Fläche.

Der einzige Laut, den ich innerhalb der letzten halben Stunde gehört hatte, war der Schrei der aufgescheuchten Birkhühner – ‚Kehr um, kehr um', schienen sie zu rufen. Und das Gefühl der Furcht ließ mich nicht los und legte sich wie eine Klammer um mein Gehirn.

Ich wickelte meinen Mantel enger und versuchte meine Gedanken abzulenken, indem ich mich auf meine nächste Sonntagspredigt konzentrierte.

Ich wollte über Hiob reden. Vieles in der altertümlichen Darstellungsweise dieses Buches, wenn man von den Spitzfindigkeiten scharfer Kritik absieht, spricht die Landbevölkerung an; der Verlust der Herden und der Ernte, die Vernichtung der Familie. Ich hätte nicht gewagt, darüber zu predigen, wäre ich nicht selbst auch Bauer gewesen; mein eigenes Stück Land war drei Wochen vorher überschwemmt worden, und ich hatte nicht weniger zu verlieren als jeder andere in meiner Gemeinde. Als ich nun so die Straße entlangging und im Geiste das erste Kapitel des Buches wiederholte, verweilte ich bei dem zwölften Vers:

‚Und der Herr sprach zu dem Satan: Siehe, alles, was er hat, sei in deiner Hand; ...'

Der Gedanke an die schlechte Ernte – und das ist ein schrecklicher Gedanke in diesen Tälern – schwand. Mein Blick schien in ein Meer unendlicher Dunkelheit zu tauchen.

Oft hatte ich mit der Geläufigkeit des abgespannten Pfarrers, der an manchem Sonntag drei Predigten zu halten hat, das alte Gleichnis von dem Schachbrett gebracht. Gott und der Teufel waren die Gegner und wir Menschen die Figuren in ihrem Spiel. Doch bis zu jener Nacht hatte ich nie an die Möglichkeit gedacht, dass ich selbst nur ein Bauer in diesem Spiel sein könnte, den Gott opfern mochte, um es zu gewinnen.

Als ich die Stelle erreicht hatte, an der wir uns jetzt befinden – ich erinnere mich noch genau an jene steinerne Abflussrinne –, sprang plötzlich ein Mann vom Straßenrand auf. Er hatte auf einem Haufen Schottersteine gesessen.

‚Wo wollen Sie hin, Herr?', fragte er.

An seiner Aussprache merkte ich, dass er fremd in dieser Gegend war. Viele seiner Art kommen um diese Jahreszeit von Süden heraufgewandert, immer dem reifenden Korn nach. Ich sagte ihm mein Ziel.

‚Dann können wir ja zusammen gehen', antwortete er.

Es war zu dunkel, um viel von dem Gesicht des Mannes zu erkennen, aber das Wenige, was ich sah, war roh und brutal.

Er begann mit jenem halb drohenden, halb bettelnden Gewinsel, das ich so gut kenne – er wäre schon viele Meilen an diesem Tag gelaufen, hätte seit dem Frühstück noch nichts zu essen gehabt, und da auch nur eine Brotrinde.

‚Gebt mir etwas Geld', sagte er, ‚nur für ein Nachtquartier.' Dabei schnitzte er mit einem großen Klappmesser an einem Eschenknüttel, den er aus einer Hecke geschnitten hatte."

Der Geistliche unterbrach seine Erzählung.

„Sind das die Lichter Ihres Hauses?", fragte er. „Wir

sind näher, als ich dachte, aber ich werde wohl noch Zeit haben, meine Geschichte zu beenden. Es ist auch besser, wenn ich es tue; denn Sie können in wenigen Minuten zu Hause sein, und ich möchte nicht, dass Sie sich fürchten, wenn Sie wieder einmal allein über das Moor gehen müssen."

So, wie der Mann sprach, schien er dem Hintergrund meiner Gedanken entsprungen zu sein, er und seine trostlose Geschichte mit den traurigen Lügen, die eine weitaus traurigere Wahrheit bemäntelten.

Er fragte mich nach der Uhrzeit.

Es war fünf Minuten vor neun. Als ich meine Uhr einsteckte, warf ich einen Blick auf sein Gesicht. Er hatte die Zähne zusammengebissen, und irgendetwas im Glitzern seiner Augen verriet mir sofort seine Absicht.

Haben Sie jemals empfunden, wie lang eine Sekunde ist?

Den dritten Teil einer Sekunde stand ich da und sah ihn an, erfüllt von einem überwältigenden Mitleid mit mir selbst und mit ihm; und dann, ohne ein Wort der Warnung, fiel er über mich her. Ich fühlte nichts. Wie ein Blitzschlag fuhr es mir durch das Rückgrat, ich hörte den dumpfen Schlag des Eschenknüttels und dann ein sanftes Plätschern, wie das Geräusch eines weit entfernten Baches. Etwa eine Minute lag ich so in vollkommener Glückseligkeit und sah, wie die Lichter des Hauses immer zahlreicher wurden, bis schließlich der ganze Himmel voller glitzernder Lichter funkelte und auf mich herabschien.

Ich hätte keinen schmerzloseren Tod haben können."

Miss Craig blickte auf. Der Mann war verschwunden, sie war allein im Moor.

Sie rannte zum Hause hin, rannte zu dem vertrauten

Schatten, der hinter dem Vorhang des Küchenfensters geschäftig auf und ab ging, ihre Zähne klapperten.

Als sie in die Diele stürzte, schlug die Uhr über der Treppe die volle Stunde.

Es war neun Uhr.

Das geisterhafte Läuten

Zu Marseille starb ein schon recht alter und vermögender Mann, der ein junges hübsches Weib zurückließ. Die Witwe, welche eine beträchtliche Summe Geldes erbte, hatte sich, schon während ihr erster Mann noch am Leben war, nach einem neuen Freier umgesehen, der gleich nach dem Tod des Alten ins Haus kam und sogleich Vorbereitungen traf, um die junge Witwe zu heiraten, während der Tote noch in seinem Sterbezimmer aufgebahrt lag.

Über dem Bett hing die Quaste einer Klingelschnur, mit welcher der Verstorbene sonst seinen Dienern geläutet hatte. Diese wohl bekannte Klingel ertönte, als eben das Kammermädchen sich im Vorsaal befand. Das Mädchen glaubte, ihre Herrin sei vielleicht bei der Leiche, und öffnete deshalb furchtlos die Tür, um, wegen des Leichengeruchs, mit nur etwas vorgestrecktem Kopf zu fragen, ob die gnädige Frau einen Wunsch habe. Vergeblich wartete das Mädchen etliche Augenblicke auf Antwort, und als es endlich ins Zimmer trat, war kein Mensch darin zu erblicken als der auf dem Bett unbeweglich liegende Leichnam.

Das zu Tode erschrockene Kammermädchen versuchte sich einzureden, dass ihr Gehör sie getäuscht habe, doch überlief es sie kalt, und sie sprang mit eiligen Schritten aus dem Zimmer. Da hörte sie es abermals klingeln. Sie wollte noch schneller entfliehen, doch fasste sie Mut, als sie jemand die Treppe heraufkommen hörte. Es war der Diener Johann, welcher verwundert fragte, wer denn da oben klingele, da doch die Frau mit dem neuen Herrn unten sei? Um zu erfahren, ob Johann in der Untersuchung dessen, was sie erschreckt hatte, vielleicht glücklicher sei als sie, erwiderte das Kammermädchen in möglichst ruhigem Ton, sie wisse nicht, wer eben bei dem seligen Herrn wache, und forderte dann den Diener auf, selbst nachzusehen. Unbefangen trat er in das Zimmer, weil er aber, obwohl er sich genau umsah, drinnen außer der Leiche niemanden fand, verließ er den Raum, ebenfalls nicht ohne Schrecken, und sagte draußen zu Julie, er verstehe nicht, wer da geklingelt haben könnte, da doch keine Seele darin sei. Während die beiden einander noch betroffen ansahen, ertönte das Glöckchen zum dritten Mal und versetzte die Erschreckten in neue Aufregung. Johann meinte, dies könne unmöglich mit rechten Dingen zugehen. Wahrscheinlich spuke der Verstorbene, erzürnt darüber, dass seine Frau so bald wieder zu heiraten gedenke, nun in seinem Totenzimmer. Kaum hatte er diese Vermutung ausgesprochen, da begannen sämtliche Glocken und Klingeln, als da waren Türschellen, Uhrglocken, Weckerglocken, Küchenschellen, Schlittenglocken und Kuhglocken, mit einem Mal zu läuten und standen nicht mehr still.

Der Freier und die Witwe sowie das gesamte Hauspersonal liefen erschrocken in der Diele zusammen, und jeder versuchte, den anderen durch laut ausgerufene Anweisungen dazu zu veranlassen, all dieses Geläute abzustellen. Doch war der Klang all dieser Glocken und Schellen so laut und schrill, dass sie alle ihr eigenes

Wort kaum noch verstanden. Als dann der eine hierhin und der andere dorthin eilte, um den Lärm zu beheben, musste ein jeder einsehen, dass jeglicher Versuch vergebens war. Die Glocken und Schellen läuteten von allein. Da wurde der Dienerschaft angst und bange. Johanns Vermutung, das Läuten könne mit der übereilten Heirat der Dame des Hauses in Verbindung stehen, machte die Runde. Und es war noch keine halbe Stunde vergangen, da hatten alle Diener und Hausmädchen gekündigt, ihre Sachen zusammengepackt und das Haus verlassen.

Die Witwe und der Freier blieben allein zurück. Der junge Mann versuchte, seine Geliebte mit dem Hinweis zu beruhigen, der Spuk werde sich von selbst verlieren, und tot sei schließlich tot. Tatsächlich wurde es auch, als der letzte Diener das Haus verlassen hatte, mit einem Mal still, und diese Stille war, nach dem langen Klirren, Scheppern, Rattern und Läuten zuvor, nur noch unheimlicher. Als die Witwe weiterhin große Furcht zeigte, versicherte ihr der Freier, der sie durch seinen Mut beeindrucken wollte, dass dies alles wohl nur ein Streich der Dienerschaft gewesen sei. Und um sie voll und ganz zu beruhigen, erklärte er, das Beste sei wohl, nun in das Zimmer des Verstorbenen hinaufzugehen und dort einmal nach dem Rechten zu sehen. Die Witwe weigerte sich, aber der junge Mann ließ sich höhnisch über die Angst der Weiber aus und erklärte, dann werde er eben allein gehen.

Kaum hatte er den Vorplatz im ersten Stock, an den das Sterbezimmer grenzte, erreicht, da vernahm er drinnen wieder ein leises Läuten. Der junge Mann ließ sich davon nicht irre machen. Er dachte an das viele Geld, das ihm gehören würde, wenn er die Witwe heimführte. Er rückte seinen Rock zurecht und schritt dann auf die Tür zu, hinter der der Tote lag.

Kaum hatte er die Hand auf die Klinke gelegt und die Tür aufgestoßen, da sah er, wie sich drinnen der Tote im Bett aufrichtete, seinen dürren Finger hob und ihm drohte. Gleichzeitig aber begann ein so ohrenbetäubendes Glockengeläut, als seien alle Kirchenglocken der Stadt in diesem Zimmer versammelt und als würden sie nun alle gleichzeitig in Bewegung gesetzt.

Den Freier grauste es. Er legte sich die Hände auf die Ohren, aber nun war es ihm, als vernehme er das Geräusch von gewaltigen niederstürzenden Wasserfluten. Er wandte sich schreiend um und sprang eilig die Treppe hinunter. Nicht eher verweilte er, bis er den Stall erreicht hatte, wo sein Pferd stand. Noch ganz außer Atem, warf er sich auf den Gaul und jagte eilig fort. Sobald der junge Freier aus dem Haus war, verstummte das Glockenläuten. Die Witwe aber ging, nachdem sie ihren verstorbenen Mann in Ehren beerdigt hatte, in ein Kloster.

CHARLES DICKENS

Das Gespenst im Aktenschrank

„Meine Herren“, begann Mr Pickwick, „ich war heute Abend an einem Ort, den Sie alle kennen, an dem ich aber schon ein paar Jahre nicht gewesen bin und der mir nur wenig bekannt ist; ich meine ‚Gray's Inn‘. Diese Wirtshäuser sind doch in einer Stadt wie London sonderbare, entlegene Winkel.“

„Beim Jupiter“, flüsterte Lowten Mr Pickwick zu, „Sie sind da auf etwas gekommen, worüber wenigstens einer von uns ständig sprechen könnte. Sie sollen sehen, der alte Jack Bamber wird sogleich das Wort ergreifen. Man hat ihn noch nie von etwas anderem als von Inns reden hören, und er hat so lange einsam darin gehaust, dass er daher halb verrückt geworden ist.“

Jack Bamber war ein kleiner gelber Mann, dessen Gesicht Mr Pickwick noch nicht gesehen hatte, weil er es, wenn er schwieg, stets auf die Brust herunterhängen ließ.

Mr Pickwick wunderte sich aber dennoch, sobald der alte Mann die runzlige Stirn emporhob und ihm aus seinen glänzenden grauen Augen einen durchdringenden, forschenden Blick zuwarf, dass so markante Züge seiner Aufmerksamkeit auch nur für einen Augenblick hatten entgehen können.

Ein süßsaures Lächeln spielte fortwährend um den Mund des Alten; er stützte das Kinn auf eine lange, dürre Hand mit Nägeln von außerordentlicher Länge; und als er den Kopf nach links neigte und scharf unter den buschigen grauen Augenbrauen hervorsah, lag in seinem Blick etwas sonderbar Lauerndes, Leidenschaftliches und Abstoßendes.

So sah der Mann aus, der sich plötzlich aufrichtete und, jetzt sehr lebhaft, höchst angeregt zu reden begann.

„Aha! Wer sprach da von den Inns?"

„Ich, Sir", erwiderte Mr Pickwick; „ich sagte, was für sonderbare alte Gebäude sie seien."

„Sie!", sagte der alte Mann verächtlich. „Was wissen Sie von der Zeit, als sich dort junge Leute in die einsamen Zimmer einschlossen und Tag für Tag lasen und lasen, bis spät in die Nacht, bis sie sich durch ihr Studieren fast um den Verstand brachten, bis ihre geistigen Kräfte gänzlich erschöpft waren, bis sie unter dem unnatürlichen Bestreben zusammensanken, ihre Jugendkräfte nur noch den alten verstaubten Büchern zu widmen? Und um auf eine andere, spätere Zeit zu kommen: Was wissen Sie von dem allmählichen Hinschwinden, dem schrecklich raschen Sterben so mancher Fieberpatienten, die in denselben Zimmern litten und starben an den Folgen davon, dass sie ‚gelebt' hatten? Was wissen Sie von den vielen, die dort um Barmherzigkeit gefleht und verzweifelnd die Geschäftszimmer der Anwälte verlassen haben, um eine Ruhestätte in der Themse zu suchen oder eine Zuflucht im Kerker zu finden? Jawohl, diese Inns sind keine gewöhnlichen Häuser. Es ist kein Stück Holz in dem alten Tafelwerk ihrer Wände, das nicht, wenn es die Gabe des Erinnerns und der Rede besäße, schauderliche Dinge aus der Romantik – ja, der Romantik des Lebens erzählen könnte. So nüchtern sie aussehen, sie sind seltsame alte Gebäude, und ich würde lieber manche grauenhafte Sage als die wahre Geschichte ihrer Gemächer erzählen hören."

Der alte Mann hatte mit einem solchen Feuer gesprochen, und in seinem ganzen Ton und Wesen sowie in dem Gegenstand, der sein Feuer entzündet, lag etwas so sehr Ungewöhnliches, dass Mr Pickwick keine Erwiderung hatte, als der Alte auf einmal innehielt und seinen lauernden Blick wieder annahm, der während seiner Rede verschwunden gewesen war. Er fuhr jedoch bald wieder fort:

„Betrachten wir sie in einem anderen, poetischeren und romantischen Licht: – Wie kostbare Stätten langsamer Tortur erscheinen sie dann! Denken wir uns den armen Mann, der sich zum Bettler gemacht, der seine Sparpfennige verbraucht hat, um sich für ein Geschäft zu wappnen, durch das er nie einen Bissen Brot gewinnen soll. Auf sein Harren, Fürchten, Hoffen, seine Täuschungen, sein Elend, sein jammervolles Behelfen und Hungern folgt endlich die Vernichtung seiner letzten Hoffnungen, die Gewissheit, dass all seine Mühen und all seine Arbeit vergeblich waren, vielleicht der Selbstmord – oder noch besser, er schleppt sein trauriges Dasein als zerlumpter Trunkenbold hin. Hab ich nicht Recht in dem, was ich von den alten Gebäuden sage?"

Und hier rieb sich der alte Mann die Hände und schielte nach allen Seiten wie im seligsten Vergnügen umher, einen andern Gesichtspunkt gefunden zu haben, unter welchen er seinen Lieblingsgegenstand hatte stellen können.

Mr Pickwick heftete neugierig seine Blicke auf ihn, und die Übrigen lächelten und schwiegen.

„Sagt, was ihr wollt, von euren deutschen Universitäten“, fuhr der kleine alte Mann fort; „pah, pah! Wir haben genug Romantik daheim und brauchten keine halbe Meile weit danach zu gehen, die Leute denken nur nicht daran.“

„Ich habe in der Tat noch nie an das Romantische der Inns gedacht“, sagte Mr Pickwick lachend.

„Ei ja, das will ich gern glauben“, erwiderte der kleine alte Mann. „Einst fragte mich einer meiner Freunde: ‚Was ist an den Zimmern Besonderes?‘ – ‚Merkwürdige alte Gemächer‘, antwortete ich. ‚Keineswegs‘, sagte er. ‚Sie sind einsam‘, sagte ich. ‚Ganz und gar nicht‘, sagte er. Eines Morgens, als er eben ausgehen wollte, rührte ihn der Schlag. Er stürzte mit dem Kopf in seinen Briefkasten und lag achtzehn Monate tot darin. Alle Welt glaubte, er wäre aufs Land gereist.“

„Und wie wurde er endlich gefunden?“, fragte Mr Pickwick.

„Man beschloss, sein Zimmer aufzubrechen, da er seit zwei Jahren keine Miete bezahlt hatte. Es geschah; und ein verstaubtes Skelett in einem blauen Rock, schwarzen Kniehosen und seidenen Strümpfen fiel dem Mann, der die Tür öffnete, in die Arme. Das war doch wohl ein wenig merkwürdig – wie?“

Der kleine alte Mann legte den Kopf auf die Seite, rieb sich die Hände mit unaussprechlichem Behagen und einem innerlichen Lachen und fuhr sogleich wieder fort:

„Ich weiß noch einen anderen Fall. Er trug sich in Clifford's Inn zu. Ein Taugenichts bewohnte einige Giebelzimmer, schloss sich in einen Schrank in seinem Schlafgemach ein und nahm eine Dosis Arsen. Der Hausverwalter glaubte, er wäre durchgebrannt, ließ die Tür aufbrechen und vermietete die Wohnung an einen andern, der sie bald darauf bezog. Aber der konnte in dem Schlafzimmer nicht schlafen – fühlte sich fortwährend unruhig und unbehaglich.

„Sonderbar“, dachte er bei sich selbst. „Ich will in dem anderen Zimmer schlafen und dieses bewohnen.“ Gesagt, getan. Er schlief die ganze Nacht sehr gut, fühlte sich aber abends im Wohnzimmer unruhig und unbehaglich, unwohl, ja fiebrig, er war nicht in der Lage zu lesen, konnte sich nichts vornehmen und starrte im Zimmer umher. ‚Es ist mir doch völlig unerklärlich‘, sagte er, als er einst spät in der Nacht nach Hause kam und ein Glas kalten Grog trank, wobei er sich mit dem Rücken an die Wand stellte, um sich nicht einbilden zu können, dass jemand hinter ihm stehe. ‚Es ist mir doch völlig unerklärlich‘, sagte er, und seine Blicke fielen zufällig auf den kleinen Wandschrank, der stets verschlossen gewesen war, und es überlief ihn kalt vom Kopf bis zu den Füßen. ‚Ich habe dieses sonderbare Gefühl schon oft gehabt‘, sagte er, ‚und kann mich des Gedankens nicht erwehren, dass mit dem Schrank da irgendetwas nicht stimmt.‘ Er nahm all seinen Mut zusammen, zerschmetterte das Schloss mit dem Schüreisen, öffnete die Tür, und beim Himmel! Da stand der vorige Mieter kerzengerade in einer Ecke, hielt eine kleine Flasche fest mit der Hand umfasst, und sein Gesicht hatte die gräulichste Totenfarbe!“

Als der kleine Mann mit seiner Erzählung zu Ende war, blickte er seine gespannt und reglos dasitzenden Zuhörer einen nach dem andern mit einem grimmigen Lächeln an.

„Sie erzählen uns in der Tat äußerst seltsame Dinge, Sir“, sagte Mr Pickwick, den forschenden Blick des Alten durch seine Brille betrachtend.

„Seltsame Dinge“, sagte der kleine alte Mann. „Wie

einfältig! Sie erscheinen Ihnen seltsam, weil Ihnen so etwas noch nicht vorgekommen ist. Sie sind lustig, aber nicht ungewöhnlich."

„Lustig!", rief Mr Pickwick unwillkürlich.

„Freilich, lustig; warum sollten sie es nicht sein?", erwiderte der kleine alte Mann mit einem satanisch lauernden Blick und fuhr, ohne auf eine Antwort zu warten, fort: „Ich kannte noch einen anderen, vor ja, vor vierzig Jahren –, der in einem der ältesten Inns eine alte, dumpfige Wohnung nahm, die seit vielen Jahren leer gestanden hatte. Es waren viele Altweibergeschichten darüber im Umlauf, und sie nahm sich in der Tat düster und traurig genug aus, doch er war arm, und sie war billig, was gereicht haben würde, sie zu nehmen, auch wenn sie noch zehnmal gräulicher gewesen wäre.

Er musste einiges an altem, wurmstichigem Gerümpel, unter anderem auch einen mächtig großen Aktenschrank mit Glastüren und einem grünen Vorhang innen, übernehmen. Der Schrank war unnütz für ihn, denn Akten hatte er nicht hineinzulegen, und seine Kleidungsstücke führte er mit sich und hatte wahrhaftig nicht schwer daran zu tragen.

Er hatte seine fahrende Habe – kaum einen kleinen Karren voll – herbeischaffen lassen, setzte sich abends an das Feuer, trank das erste Glas Whisky von zwei Gallonen, die er auf Kredit hatte holen lassen, und sann darüber nach, ob sie wohl je bezahlt werden würden, und falls es geschähe, in wie viel Jahren, als sein Blick auf die Glastüren des mächtigen Schrankes fiel.

‚Hätte ich das hässliche Ding nicht nach dem Schätzwert des alten Trödlers annehmen müssen', dachte er, ‚so hätte ich etwas Nützliches für das Geld anschaffen können.' ‚Ich will dir etwas sagen, alter Bursche', redete er mit lauter Stimme den Schrank an, weil er sonst niemanden hatte, den er anreden konnte, ‚wenn es nicht mehr kostete, deinen alten Leichnam zu zerschlagen, als er selber wert wäre, so würde ich dich sehr bald ins Feuer stecken.'

Kaum hatte er die Worte gesprochen, als aus dem Schrank Laute zu ertönen schienen, die einem leisen Ächzen glichen. Er wurde anfangs stutzig, dachte jedoch nach kurzer Überlegung, das Geräusch müsse von jemandem im anstoßenden Zimmer herrühren, setzte die Füße auf das Kamingitter und hob das Schüreisen auf, um das Feuer anzuschüren. Im selben Augenblick wiederholten sich die Laute, die eine der Glastüren tat sich auf, und er erblickte eine blasse, abgemergelte, aufrecht im Schrank stehende Gestalt in beschmutzter und abgetragener Kleidung. Sie war groß und schlank, ihr Antlitz drückte Schmerz und Betrübnis aus; aber ihre Hautfarbe und ein Etwas in der ganzen Erscheinung konnten keinem menschlichen Wesen angehören.

‚Wer sind Sie?', rief der neue Mieter ihr zu, wurde leichenblass, hob das Schüreisen empor und zielte genau nach dem Gesicht der Gestalt. Wer sind Sie?'

‚Schleudere das Schüreisen nicht nach mir', erwiderte die Gestalt. ‚Wenn du auch noch so zieltest, so würde es doch nur ohne Widerstand durch mich hindurchfahren und bloß die Bretterwand hinter mir beschädigen. Ich bin ein Gespenst.'

‚Wenn das so ist', stotterte der Mieter, ‚darf ich dann fragen, was Sie hier wollen?'

‚Ich wurde in diesem Zimmer zu Grunde gerichtet, meine Kinder wurden in ihm zu Bettlern gemacht', erwiderte die Erscheinung. ‚In diesem Schrank wurden die Akten eines lange, lange dauernden Prozesses aufbewahrt. In diesem Zimmer teilten zwei schändliche Furien, als ich vor Kummer und immer vergeblichem Hoffen und Harren gestorben war, mein reiches Gut, um dessen Besitz ich während meines jammervollen Daseins gestritten hatte und von welchem am Ende kein Heller für meine unglücklichen Kinder übrig blieb. Ich vertrieb die schändlichen Räuber durch Schrecken und besuche seitdem allnächtlich – denn nur nachts darf ich zur Erde zurückkehren – den Schauplatz meines endlosen irdischen Elends. Dieses Zimmer ist mein. Überlass es mir!'

‚Wenn Sie darauf bestehen, hier zu erscheinen', erwiderte der Mieter, der während der wortreichen Rede des Gespenstes Zeit gehabt hatte, sich wieder zu sammeln, ‚so werde ich Ihnen das Zimmer mit dem größten Vergnügen überlassen; doch möchte ich Ihnen mit Ihrer Erlaubnis wohl eine Frage vorlegen.'

‚Sprich', sagte die Erscheinung ernst.

‚Ich beziehe die Bemerkung, die ich zu machen gedenke', fuhr der Mieter fort, ‚nicht allein auf Ihre Person, da sie auf alle Geister, von denen ich gehört, anwendbar ist. Es erscheint mir nämlich ein wenig unlogisch, dass Sie immer und immer wieder gerade die Orte, an welchen Sie am unglücklichsten gewesen sind, aufsuchen, während Sie sich nach den schönsten Plätzen der Erde begeben könnten, da ja, soviel ich weiß, eine größere oder kleinere Entfernung für Sie keinerlei Rolle spielt.

‚Hm! Daran hab ich noch nie gedacht', erwiderte das Gespenst, ‚aber es ist sehr wahr.'

‚Sie sehen, Sir', fuhr der Mieter noch einmal fort, ‚dieses Zimmer ist höchst unkomfortabel. Dem Aussehen des Schranks nach zu urteilen, möchte ich sogar behaupten, dass er nicht ganz frei von Wanzen ist; jedenfalls glaube ich, dass Sie viele in jeder Hinsicht bessere Wohnungen finden könnten, von dem so äußerst unangenehmen Londoner Klima ganz zu schweigen.'

,Sie haben sehr Recht, Sir', versetzte das Gespenst äußerst höflich, ,und bringen mich auf einen mir ganz neuen Gedanken. Ich will es sogleich einmal mit einer Luftveränderung versuchen.'

Es fing in der Tat, während es diese Worte sprach, zu verschwinden an, ja, seine Beine waren bei der letzten Silbe schon unsichtbar geworden.

,Und wenn Sie vielleicht die Güte haben wollten, Sir', rief der Mieter ihm noch nach, ,den übrigen Ladys und Gentlemen, die sich damit abgeben, in alten, leer stehenden Häusern umzugehen und zu spuken, gleichfalls zu erläutern, dass sie es anderswo viel komfortabler haben könnten, so würden Sie der menschlichen Gesellschaft eine sehr große Wohltat erweisen.'

,Das will ich tun', erwiderte das Gespenst; ,wir müssen in der Tat arge Dummköpfe sein, und ich begreife gar nicht, wie wir so einfältig handeln konnten.'

Mit diesen Worten verschwand es gänzlich, und, was noch bemerkenswerter ist", setzte der alte Mann, mit einem schlauen Lächeln rings umherblickend, hinzu, „es kam niemals wieder."

FRANCES GARFIELD

Die Party

Die herbstliche Dämmerung wurde nun schnell vom hereinbrechenden Abend verdrängt. Nora hatte nicht das Gefühl, dass sie näher an Steves Landhaus waren als vor einer halben Stunde. Sie schmiegte sich auf dem Rücksitz näher an den starken Jeff und versuchte die Straße, die vor ihnen lag, zu erkennen. Die Scheinwerfer bemühten sich redlich, einen Weg zu bahnen, aber die Dunkelheit schien auf beiden Seiten nur noch dichter und düsterer zu werden. Willie, die neben Sam auf dem Beifahrersitz saß, beugte den Kopf mit den kupferfarbenen Haaren über eine grobe Bleistiftskizze, eine Landkarte, von der sie alle vier langsam das Gefühl bekamen, dass sie falsch war.

„Steve weiß einfach nicht, wie man eine Karte zeichnet“, jammerte Willie ein wenig. „Außerdem hat er versprochen, Schilder aufzustellen, damit wir wissen, wann wir von dieser Straße in seinen Privatweg abbiegen müssen. Warum habe ich mir bloß einen Verleger ausgesucht, der seine Partys irgendwo am Ende der Welt gibt?“

„Aber Liebling, schließlich hat er dich ausgesucht“, erinnerte sie Sam mit den silbernen Haaren, der am Steuer saß. „Ein Dutzend Verleger hat dein Buch erst abgelehnt – – –“

„Bitte, Sam. muss das jetzt sein?“, bat Willie. Aber er fuhr fort.

„Also, hier ist Steve mit seinem Verlag im nächsten Bezirk, also auch fast am Ende der Welt. Ein regionaler Verlag, und Steve wollte einen regionalen Roman für das Weihnachtsgeschäft. Und deiner hat ihm sehr gefallen. Und hier sind wir nun, auf dem Weg, dich anzufeuern, während du mindestens tausend Vorsatzblätter mit deinem Autogramm versiehst."

Sam liebte seine schriftstellernde Frau, und das brachte er durch seine Neckereien zum Ausdruck. Nora wusste, dass er nun sein typisches Lächeln zeigte, voll von liebevoller Belustigung, mit leicht zusammengekniffenen blauen Augen, die lustig blitzten.

„Er hat gesagt, dass nur ungefähr ein Dutzend Gäste kommt", widersprach ihm Willie. „Er hat gesagt, dass er nur ein paar besonders gute Freunde eingeladen hat, denen mein Buch vielleicht so gut gefallen wird, dass sie es kaufen. Dann würden sie es vielleicht ihren Freunden weiterempfehlen – und die würden es dann auch kaufen. Als Weihnachtsgeschenk. Mundpropaganda hat Steve es genannt."

„Richtig. Und billiger als richtige Reklame", bemerkte Sam.

„Da ist schon wieder die kleine weiße Kirche", sagte Jeff und versuchte, fröhlich zu klingen. „Wie oft sind wir heute schon daran vorbeigefahren? Drei oder sogar vier Mal?"

„Vier Mal, da bin ich mir ganz sicher", warf Nora ein. „Und da ist auch schon wieder das kleine graue Haus, das uns zu folgen scheint."

„Verdammt", sagte Sam. „Die Kurve da vorne kennen wir so gut, dass es langsam langweilig wird. Sieht so aus, als wären wir auf einer Umlaufbahn – – –"

Ein grotesk bemalter Lieferwagen schoss plötzlich in

ihr Scheinwerferlicht, genau in der Mitte der Straße. Sam fluchte und riss das Lenkrad herum. Das Auto landete schaukelnd auf dem grasigen Seitenstreifen. Der riesige Lieferwagen schoss an ihnen vorbei, der Fahrer starrte heraus. Er hatte große weiße Zähne, die aus einem dunklen Bartgestrüpp hervorschauten. Dann war er vorbei, und Sam kurvte wieder auf die Straße.

„Puh", Willie atmete tief durch. „Gott sei Dank, dass du fährst, Sam, und nicht ich."

Nora schüttelte sich das dichte schwarze Haar aus dem Gesicht. Ihre Hand kribbelte noch, wo Jeff sie so kräftig ergriffen hatte. Sie hatte immer noch das starrende, zottelige Gesicht vor Augen.

„Die Party wird bestimmt großartig, vorausgesetzt, wir kommen überhaupt irgendwann einmal an", sagte sie. Es war ein schwacher Versuch, witzig zu sein. „Seht mal, ist das nicht schon wieder diese Kirche?"

„Ich frage mich, ob wohl überhaupt schon jemand das Haus gefunden hat", wagte Willie zu sagen.

„Pessimistin", lachte Sam. Er liebte einfach alles an Willie, sogar ihren Roman, der von der leidenschaftlichen Liebe einer Frau sowohl zu ihrem Ehemann als auch zu dem Bruder ihres Ehemannes handelte. Einmal hatte Nora gehört, wie eine Nachbarin ihn gefragt hatte, welche der beiden Figuren ihn darstellen sollte. „Sowohl – als auch", hatte er geantwortet, und wie gewöhnlich hatten seine blauen Augen dabei lustig geblitzt.

„Natürlich, es sind bestimmt genug Leute da", versprach Jeff. „Und Nora und ich sind da, um dir moralische Unterstützung zu geben, Willie." Er bewunderte ihr Buch ebenfalls und hatte Willie beim Korrekturlesen geholfen. Die vier waren gute Freunde, kamen immer gut miteinander aus und langweilten sich nie zusammen.

„Ich bin froh, dass der Lieferwagen hinter uns ist und nicht vor uns", sagte Sam. „Vielleicht hat er sich auch verfahren und fährt jetzt immer im Kreis herum. Seht mal, jetzt wird es auch noch neblig."

In einiger Entfernung schrie eine Eule, seltsam laut und deutlich durch das Motorengebrumm zu vernehmen. Jetzt waren keine Häuser mehr zu sehen, nur große verkrümmte Bäume drängten sich am Straßenrand, und ihre Äste waren über der Straße ineinander verschlungen. Plötzlich quietschte Willie glücklich auf.

„Da – ein Stück Goldpapier an dem Pfosten", rief sie. „Das ist bestimmt Steves Hinweisschild."

„Und hier ist auch schon gleich der Zufahrtsweg", sagte Sam und bog geschickt ab. „Ganz schön lang!"

Sie folgten der holprigen Straße, die sich bog und hob und senkte. Dunkle Dickichte massierten sich rechts und links. Sie hörten nichts, nichts als das Motorengeräusch. Nora sah einen grotesk gekrümmten Baum, der sie stark an eine Libanonzeder erinnerte, die ihr von der Kathedrale von Winchester her bekannt vorkam. Unheimlich.

„Dort abbiegen", sagte Willie und zeigte nach vorne. Und Sam bog ab.

„Mensch, du hörst aber gut auf Willie", lachte Nora. „Ein Wort von mir, und Jeff macht genau das Gegenteil."

Jeff schwieg. Er starrte aus dem Fenster, seine Lippen waren zusammengepresst, und auf seiner Wange zeichnete sich eine scharfe Linie ab, da, wo er normalerweise ein Grübchen hatte.

Sam fuhr den holpernden Wagen über die knorrigen,

ausgebreiteten Wurzeln einer mächtigen Eiche und hielt im hohen Gras an. Vor sich sahen sie ein großes, trostlos düsteres Haus. Flackerndes Licht, das aus hohen Fenstern kam, gab dem dunklen Abend ein wenig Farbe. Ein breiter Kamin, der in der Dämmerung rosig schimmerte, lief an der Seitenwand empor. Große Säulen erhoben sich auf der Veranda.

„Okay." Jeff berührte Noras Schulter, und sie fühlte seine starke Hand zittern. „Lasst uns hineingehen."

Willie strich sich ihre kupferfarbenen Locken glatt und zog sich noch einmal die Lippen nach. Nora schüttelte ihr langes, dunkles Haar und folgte dann Jeff. „Seltsam", sagte sie. „Ich sehe überhaupt keine anderen Autos."

„Sie sind wahrscheinlich alle schon wieder gegangen", witzelte Sam, der Willie folgte. „Es hat ja wirklich lange genug gedauert, bis wir das Haus gefunden hatten."

Sie stiegen die Treppe hinauf. Eine dunkle, schwere Tür erwartete sie. Sam betätigte den gewaltigen Türklopfer, und die Tür öffnete sich.

„Kommt herein. Kommt herein", hörten sie eine dröhnende Stimme.

Sie gingen hinein.

Der Mann an der Tür war unerhört gut aussehend, groß und blond; er trug einen Smoking, die Hemdbrust war aus Spitze, er war verlegen, doch freundlich. „Schön, dass ihr gekommen seid", begrüßte er sie.

„Wir hatten einige Schwierigkeiten", sagte Nora. „Wo ist Steve?"

„Oh, Steve. Ist doch nicht so wichtig, oder? Ich heiße Patrick. Kommt erst einmal herein, und amüsiert euch."

Drinnen war das Stimmengewirr unbeschreiblich. Nora hielt sich an Jeffs Mantel fest, weil sie ein Gefühl der Sicherheit suchte. Warum, wusste sie selbst nicht. Sie waren jetzt in einem großen Saal, in dem es von Menschen wimmelte, in dem ganze Menschenmengen versammelt waren. Die verschiedensten Gestalten – große, dünne, kleine, dicke, und alle waren sie ihr völlig unbekannt. „Vielleicht kannte Willie ein paar von ihnen", dachte sie. Wahrscheinlich gehörten sie zu Steves Verlag. Sie trat einen Schritt zurück, um Willie vorangehen zu lassen.

„Immer geradeaus", riet Patrick, der ein wenig zurückgeblieben war. Er war wirklich erschreckend gut aussehend, und Nora fragte sich einen Augenblick lang, ob er wohl eine Dauerwelle hatte. „Essen und Getränke sind dort drüben", sagte er lächelnd. „Da werdet ihr wahrscheinlich auch einige Bekannte treffen."

„Bei den Bekannten, die ich habe, wäre das wirklich nicht unwahrscheinlich", sagte Jeff und grinste.

Die vier schlängelten sich zwischen dicht gedrängten Gruppen hindurch. Jeder redete mit jedem, doch niemand schien sie zu bemerken. Ein mattes, rotes Feuer brannte im Kamin, das aber keine Wärme abzugeben schien. Daneben stand eine Gruppe von außerordentlich dünnen Männern, die einem ungeheuer fetten Mann zuhörte. Dieser trug einen Bart und hatte große Zähne. Er erinnerte Nora an den Fahrer des mörderischen Lieferwagens. Hoch oben an den Wänden lief ein Balkon entlang. Gesichter blickten herab. Gesichter von Kindern vielleicht. Eines nagte an einem Hühnerflügel, es konnte aber auch etwas anderes sein.

„Es ist alles so unwirklich", flüsterte Nora Jeff zu, und sie hatte Recht. Sie schienen durch die anderen hindurchzugehen, so als ob sich die Leute vor ihnen in Luft auflösten. „Meine Fantasie spielt verrückt“, sagte sie und drückte Jeffs Hand.

Sie folgten Willies großartigem Lockenkopf bis zum Büffet. Dort wimmelte es ebenfalls von Menschen, die ihre Teller mit Brathähnchen, kaltem Braten und Käse füllten. Hier und da standen Körbchen mit Keksen und kleinen Kuchen. Und genau in der Mitte prangte eine riesige Bowleschüssel mit einer rosafarbenen Flüssigkeit.

„Roséwein“, flüsterte Sam und rümpfte die Nase. „Ganz schön billig.“

Einen Moment lang glaubten sie, Steves schöne Frau zu sehen, wie sie mit einem Tablett wahrscheinlich in Richtung Küche verschwand „Hallo, Florence“, rief Willie ihr nach. Aber wer es auch immer gewesen sein mochte, drehte sich nicht um. Sie verschwand so schnell, dass sie nicht einmal sicher waren, ob sie es überhaupt gewesen war.

Sam nahm sich einen Teller, auf den er Mengen von Salat und Fleisch häufte. „Kommt, schlagt zu“, sagte er. „Nach so einer Fahrt hätte selbst ein Skelett Hunger. Ich will sogar diesen miesen Wein probieren – damit legt Steve wirklich keine Ehre ein. Oder? Ich finde, diesmal hat er sich selbst übertroffen.“

„Da ist Em Selden, da drüben am Kamin“, sagte Nora zu Jeff.

„Wo denn?“

„Ach, nein. Sie ist schon wieder weg. Vielleicht war es auch gar nicht Em. Jedenfalls sollten wir zusammenbleiben. Was für seltsame Leute hier.“

Während sie sprach, glaubte sie, irgendwo jemanden singen zu hören. Ein Radio, ein Plattenspieler? Aber der Ton wurde schwächer und erstarb schließlich, während sie sich noch darüber wunderte.

„Seht mal“, sagte Willie und stellte ihren Teller ab. „Da hinten, am anderen Ende des Saales. Ich glaube, das ist Patrick. Er scheint mich zu rufen. Ich glaube, ich gehe besser – vielleicht muss ich jetzt endlich die ersten Bücher signieren.“ Forsch steuerte sie auf den langen Korridor zu, ihre grünen, hochhackigen Sandalen schritten munter aus, und der Saum ihres grünen Kleides wippte. An beiden Seiten des Korridors standen Stühle. Es sah aus, als lägen Haufen von Nerzmänteln darauf. „Hmm“, hörte Nora sie noch murmeln, bevor sie ging. „Von Steves Autoren könnte sich keiner so etwas leisten.“

Nora kaute auf einer seltsam geschmacklosen Scheibe Wurst herum und sah Willie nach, bis sie nicht mehr zu sehen war. „Ich hoffe nur, dass sie jetzt auch genug Bücher verkauft, damit sich dieser Ausflug wenigstens gelohnt hat.“

„Du amüsierst dich wohl nicht besonders?“, fragte Sam.

„Das hört sich ja fast so an, als ob es dir genauso ginge.“

Nora schaute von Platte zu Platte. „Wo sind denn die ganzen Hühnchenflügel geblieben? Die esse ich am liebsten.“

„Wenn ich ein Paar Hühnchenflügel hätte, könnte es gut sein, dass ich einfach von hier fortfliegen würde“, sagte Jeff. Nora lachte, aber Jeff stimmte nicht mit ein.

Es war noch voller geworden und lauter. Die Luft fühlte sich feucht und stickig an; es roch wie in einem Raum mit alten Kleidern. Sam runzelte die Stirn und strich sich sein silberfarbenes Haar zurück.

„Gehen wir irgendwohin, wo es etwas ruhiger ist“, sagte er.

„Wie wäre es mit dem Balkon da oben, wo die Kinder sind?", schlug Nora vor.

Aber der Balkon schien leer zu sein, in dunkle Schatten gesenkt; bewegte sich dort noch etwas, oder nicht?

„Hast du viel von diesem ekelhaften Wein getrunken, Jeff?", fragte Sam.

„Nicht mehr als nötig. Hoffentlich ist Willie jetzt in ihrem Element und signiert fleißig Bücher."

„Ich werde mal nach ihr schauen", sagte Sam.

Er ging in Richtung Korridor, wo sie Willie zuletzt gesehen hatten. Die Menschenmenge ließ ihn durch, scheinbar ohne ihm Platz zu machen.

„Wenigstens war Steve so gescheit, nicht zu seiner eigenen Party zu kommen", knurrte Jeff. „Schau mal, da drüben in der Ecke. Sind das nicht Genevieve und Joe?"

Nora versuchte, etwas zu erkennen. „Komm, wir gehen mal rüber."

Sie schoben sich zwischen eine Gruppe von Menschen hindurch, die ihnen Platz machten. Niemand kam ihnen bekannt vor. Nur an der gegenüberliegenden Wand, lehnte dort nicht der Fahrer des Lieferwagens? Die Stimmen, nur Zischlaute und alle sehr laut, taten ihren Ohren weh. Die Luft wurde immer dicker und machte ihnen das Atmen schwer.

„So, da sind wir", sagte Jeff, als sie in der Zimmerecke angekommen waren.

Aber dort war niemand. Kein Mensch. Nur das Licht des Kaminfeuers, das keine Wärme auszustrahlen schien, flackerte ein wenig.

„Verflixt", knurrte Jeff. „Kennen wir eigentlich nicht einen einzigen Menschen in diesem Raum?"

Sie sahen sich um. Fast in der Mitte des Raumes

schwebte ein Gesicht, bleich wie Vanillesauce, es blickte unter der Krempe eines abgetragenen Filzhutes hervor. Der Körper war wie in undurchsichtige Dunkelheit getaucht, vielleicht trug er einen schwarzen Kaftan. Hinter dieser Gestalt verzog der bärtige Lieferwagenfahrer das Gesicht zu einer Grimasse.

„Jeff“, sagte Nora. „Mir gefällt es hier gar nicht.“

„Das ist nur, weil du hier niemanden kennst“, versuchte Jeff sie zu beruhigen. Aber seine Grübchen waren nicht zu sehen. „Du hast ja Recht. Diese Party ist wirklich zum Einschlafen langweilig. Ich werde mal sehen, was Sam und Willie machen. Vielleicht können wir uns verdrücken, wenn sie schon fertig sind.“

„Ja, geh mal und such nach ihnen“, sagte Nora mit einem leicht verunglückten Lächeln.

„Ich bin bald wieder da.“

Er stapfte davon, mit seiner Größe ragte er weit über die anderen hinaus. Sie sah, wie er den Korridor erreichte und zwischen den aufgehäuften Pelzmänteln hindurchging. Sie sah, wie sein dunkler Kopf verschwand. Dann war sie allein, niemand nahm von ihr Notiz, niemand redete mit ihr. Sie fühlte sich schwerfällig und klebrig, so, als steckte sie in einem Eimer mit warmer Marmelade.

Ein Dunstschleier wehte durch den überfüllten Raum. Was sie roch, war nicht Tabakrauch und auch nicht der altbekannte Marihuanageruch. Nora gehörte nicht hierher. Das wusste sie. Sie war eigentlich auch nicht eingeladen gewesen; sie und Jeff hatten Willie und Sam nur begleitet. Als moralische Unterstützung. Sie wünschte, sie wären zu Hause geblieben, oder wünschte wenigstens, sie wäre mit Jeff gegangen, die anderen zu suchen.

„Ich werde ihnen nachgehen", sagte sie zu sich selbst. „Ihnen folgen, vielleicht sind sie fertig, und wir können gehen."

Der Korridor schien enger zu werden, als sie ihn betrat. Die Pelzhaufen umschlossen sie. So hatte sich vielleicht das kleine weiße Kaninchen in *Alice im Wunderland* gefühlt. Der Korridor hatte Streifen von Schatten, offene Türen warfen ihr Licht auf die Wand.

Nora schaute durch eine Tür. Musik drang heraus. Drinnen stand so etwas wie eine kleine altmodische Orgel. Sie spielte selbsttätig eine Melodie, die einem Kirchenlied ähnelte, aber dissonant und abstoßend war. Aus der nächsten Tür kamen Stimmen. Nora ging hinüber.

„Komm herein", rief jemand. „Wir haben schon auf dich gewartet."

Ein Mann in einem sehr dunklen Anzug streckte ihr seine sehr weiße Hand entgegen. In seinem kalkweißen Gesicht grinsten dunkle, schmale Zähne. Seine Hand fühlte sich klamm an, als er sie berührte. „Komm herein", wiederholte er.

Sie starrte an ihm vorbei und sah dunkel getäfelte Wände, eine Hängelampe, in der eine zitterige Kerze brannte, und einen dichten Haufen von Menschen. Sie trugen ebenfalls dunkle Kleidung, die an ihren hageren Körpern eng anlag. Ihre Gesichter waren wie aus bleichem Lehm geformt. Ihre Augen waren klein und boshaft. Ihre Lippen waren dick und rot, und was sie sagten, war nicht zu verstehen.

Aber auf dem Boden lagen drei weitere Gestalten, die sie sofort erkannte – ein Fetzen grüner Stoff. Jeffs großer, nun schlaffer Körper. Willies rote Locken und die silbernen Haare von Sam.

„Komm herein!“, riefen sie nun befehlend im Chor. Alle Hände streckten sich ihr entgegen, winkten sie heran.

Nora stieß einen dünnen Schrei aus, wirbelte herum und rannte.

Sie rannte, egal wohin, nur weg von dem kleinen Raum, nur fort. Am Ende des Korridors gab es eine Tür. Flucht. Das war alles, was sie denken konnte. Sie schnappte halb erstickt nach Luft. An der Tür krallte sie nach der Klinke. Sie kämpfte mit der Tür, die schließlich widerstrebend nachgab.

Sie füllte ihre Lunge mit frischer Luft. Irgendwie war sie wie durch ein Wunder nach draußen gekommen. Wohin jetzt? Egal, Hauptsache, sie konnte entkommen.

Sie lief durch die dunkle Nacht, stolperte über schwere, knorrige Baumwurzeln, zerfetzte sich ihre Seidenstrümpfe. Sie verlor einen Schuh und schüttelte den anderen auch noch ab. Sie rannte und rannte. Sie verletzte sich die nackten Füße an Steinen und stieß sich die Fußknöchel schmerzhaft an. Eine Spottdrossel sang, sie klang merkwürdig Trost gebend. Sie musste entkommen. Nur fort von dem Haus.

Ein breiter, gepflegter Rasen tauchte vor ihr auf. Ein wunderschönes Haus stand stolz und groß vor wachsamen Kiefern. Sie fiel auf die Knie, raffte sich noch einmal auf und erreichte die Haustür. Mit ihren Fäusten schlug sie dagegen.

„Nora, du?“

Vor ihr stand Steve Thomas, der ihr geöffnet hatte. Steve war schlank und tadellos gekleidet. Sein lockiges schwarzes Haar war sorgfältig frisiert, er lächelte.

„Um Gottes willen. Wo kommst du her? Wo sind die anderen?“

Sie warf sich in seine Arme, und er drückte sie an sich, denn sie zitterte. „Wo sind sie?", fragte er noch einmal.

„Ich weiß es nicht", brach es aus ihr hervor. „Ich habe sie auf dem Fußboden gesehen – da drüben, auf deiner Party – – –"

„Wovon redest du denn überhaupt?"

Sie unterdrückte ein Schluchzen. „Da drüben, in dem großen Haus – – –"

„Mein Gott, Nora, da ist schon seit Jahren kein Haus mehr." Steve zog sie fester an sich. „Du bildest dir irgendetwas ein. Da ist kein Haus. Es ist schon lange, bevor ich hierher kam, abgebrannt."

„Ab... abgebrannt?"

„Ich habe da eine verrückte Geschichte gehört. Es gab da eine Gruppe von Spinnern, die an Menschenopfer oder so etwas glaubten. Eines Nachts, als sie gerade dieses Ritual zelebrierten, schlug der Blitz ein, und das Haus brannte völlig ab, mit allen, die darin waren."

„Aber – – –"

„Komm, Nora. Sieh mal hinüber. Da ist nichts. Absolut nichts."

Nora zwang sich dazu, hinüberzuschauen.

Da *war* nichts. Absolut nichts.

Die Geisterküche

Der mutige Sigristensohn im Dorfe Kulm war ein Jugendgespiele jetzt bejahrter Männer des Kulmtales. Sein Vater wusste den wilden Buben nicht zu bändigen und meinte, seinen Übermut durch allerlei Mittel dämmen zu müssen. So stellte er einmal einen Strohmann in den Kirchturm und schickte dann den Knaben bei Nacht in den Turm hinauf, dort die Uhr aufzuziehen. Der schlug aber einfach den Strohmann die Stiege herunter und brachte ihn dann lachend in die Stube. Der Vater merkte endlich, er musste etwas Klügeres beginnen, und ließ ihn das Schneiderhandwerk lernen, um ihn in die Fremde zu schicken, wo er sich die Hörner abstoßen sollte. Der Sohn blieb dennoch der Gleiche. Auf seiner Wanderschaft wollte er einst mitten im Wald in einem einsam liegenden Häuschen übernachten; aber niemand öffnete. Da zerbrach er zuletzt die Tür. Kein Mensch war drinnen, doch brannte auf dem Tisch ein Licht. Während er sich's bequem machen wollte, kamen zwei Männer in die Stube, die ihn einige Zeit anstarrten, dann aber nach kurzem Gespräch ihm gestanden, das Haus habe gar keinen Herrn mehr, denn es spuke dort, ihnen aber diente dieser Umstand dazu, ihre Diebereien hier verbergen zu können. Der Geselle, der Genaueres wissen wollte, vernahm, eine weiße Frau hütete hier einen Schatz und erschiene regelmäßig um die

Geisterstunde; und so verbündeten sie sich zu dritt, diesen Schatz zu heben. Aber bis Mitternacht war es noch lange, der Hunger war nicht gering, die Diebe hatten Mehl und Schmalz im Haus; also versuchte der Geselle ein Mahl zu bereiten, machte in der Küche ein Feuer, und in kurzer Zeit köchelte er schon am Herde.

Da hörte er, noch ehe die Mitternachtsstunde da war, aus dem Schlot herunter eine Stimme rufen: „Flieh, oder ich falle!“ – „Nur zu!“, antwortete er unbesorgt, und gleich fiel ein Schenkel durch den Kamin herab auf den Herd. Er schleuderte denselben in einen Winkel der Küche, tat die Pfanne wieder übers Feuer und röstete weiter an den Schmalzküchlein. Bald hörte er die Stimme aus dem Schlot abermals und gab abermals dieselbe Antwort; da lag der andere Schenkel vor ihm am Herd. Er warf ihn zum Ersten hinter sich, und so ging es fort, bis zuletzt alle Glieder und Stücke eines Menschenkörpers da waren. Sobald er auch den Kopf zu den übrigen Teilen hinter sich geworfen hatte, fügte sich alles zusammen, ein großer Mann richtete sich hinten in der Küchenecke auf und trat zu ihm heran. Der Bursche fragte ihn höhnisch, wo er denn sein Weib hätte? „Sie wird nachkommen“, war die Antwort. „Umso besser“, sagte der Geselle, „setz dich also derweilen dort in jene Ecke.“ Der Mann gehorchte, und der Geselle trug nun sein fertiges Gebäck auf. Als er mit der Schüssel über den Hausgang in die Stube gehen wollte, kam ihm eine schneeweiße Frau entgegen. „Aha“, sagte er, „das ist wohl diejenige, welche hier den Schatz hütet. Nun ja, so mag sie zunächst zu Tisch kommen und ihren Mann, der dort im Winkel sitzt, mit hereinbringen!“ So ging er mit der Schüssel voran in die Stube, und das Paar folgte ihm. Alle saßen zu Tisch, jedoch wollten die zwei Geister nichts genießen. Nach dem Essen forderte der Geselle die Frau auf, ihm die Mittel anzugeben, wie sie erlöst werden könnte, und versprach ihr, standhaft und beherzt bleiben zu wollen. Da leuchtete sie ihm bis zu einem altertümlichen Bett, in welchem ein gewichtiger Schlüssel lag; dieser passte im Hauskeller zu einer Eisentür, und nach dreimaligem Umdrehen ging das Schloss auf. Die Frau trat mit dem Licht hinein. Da erblickten sie im Gewölbe einen Hahn mit feurigem Kamm, der sich auf dem Rücken eines gewaltigen Zottelhundes ausspreizte. Der Hund aber kauerte knurrend auf einer großen Kiste, während der Hahn krähte, dass er sich selber fast überschlug. Der Schneider ließ sich von allem nicht für dumm verkaufen. Aller Grimassen ungeachtet verscheuchte er erst die Ungetüme und schloss, sobald sie zum Keller draußen waren, die Tür zu. Dann legte er wohlbesonnen sein Schurzfell ab. Mit dem zweiten Schlüssel, den ihm nun die weiße Frau einhändigte, öffnete er die Kiste: Die lag bis oben voll Gold. Sogleich aber warf der Geselle sein Schurzfell darüber, weil man jedem Geisterschatz, der nicht mehr entweichen soll, etwas von unseren eigenen Sachen beilegen muss. Kaum war dies geglückt, so sagte er der weißen Frau und ihrem Mann, jetzt könnten sie gehen, und augenblicklich waren beide verschwunden. Nachher haben sich die drei, der Schneider und die Diebe, die Schätze geteilt, und der alte Sigrist von Kulm sah seinen Sohn als reichen Mann wiederkehren.

Der Siegeskranz

Eines Abends wanderte ein alter Rittersmann von einem hohen Harzberg mühsam ins Tal hinab. Er hieß Leuthold und war einst der Beherrscher dieser Gegend gewesen; jetzt aber hatte ihn die Übermacht eines reichen Grafen vertrieben, und der wohnte nun auf der ehrbaren Stammesfeste. Um an ihr seinen Blick zu weiden, ging der alte Leuthold jeden Abend, solange die waldige Höhe bei seiner Hütte wegsam blieb, hinauf und sah zu den zwei hohen Schlosstürmen hinüber, bis die Sonne unterging. Dann ging auch der alte Mann wieder ins Tal hinunter, wo man ihn aus Mitleid wohnen ließ, denn sein einziger Erbe, ein freudiger Kampfesheld, war bei der Verteidigung des väterlichen Schlosses gefallen.

Auf seinem Heimweg kam der greise Ritter immer an einer Kapelle vorüber, die er in besseren Zeiten hatte bauen lassen und wo jetzt der Leichnam des jungen, in Ehren erschlagenen Herrn im Sarg lag. Dann kniete der Vater vor der Tür des kleinen Baus nieder und betete ein Vaterunser für die Seelenruhe seines lieben Sigebald – und so machte er es auch heute. Beim Aufstehen blickte er dann sehnsüchtig durch die Fenster hinein, konnte aber nichts vom Sarg sehen, denn der stand in einer Mauernische hinter dem Altar, und den Schlüssel zur Tür hatte der Vater gleich nach der Beisetzung voll überwältigenden Schmerzes in die reißenden Frühlingswirbel des Flusses geschleudert. Das bereute er nun oft, denn es fehlte dem Verarmten an Geld, um für das sehr kunstreiche Schloss einen neuen Schlüssel anfertigen zu lassen, und so hatte er sich selbst, seine fromme Frau und seine Nichte Diotwina, die Sigebalds Verlobte gewesen war, von den teuren Resten ihres liebsten Glücks ausgesperrt.

Niemals war seine Sehnsucht danach so innig gewesen als eben heute Abend. Er sah die Tür mit heißer Wehmut an, er hätte sie fast gebeten, sich zu öffnen, und gemeint, sie müsse ihm Folge leisten – aber sie starrte ihm fest und unbeweglich entgegen; kaum ließ sich die Klinke am eingerosteten Schloss genug niederdrücken, um die Festigkeit, mit der alles in den metallenen Klammern blieb, anzuzeigen. Nachdem der alte Mann eine Weile vergebens an der Grabstätte des Sohnes geklinkt hatte, ging er – die Augen voll Tränen und kopfschüttelnd über sich selbst – zur Hütte zurück.

Die Hausfrau wartete dort bereits mit dem spärlichen Abendbrot auf ihn. „Wo ist denn Diotwina?", fragte er.

„In ihre Kammer gegangen", entgegnete die Alte. „Es ist ja heute der Jahrestag von ihrer und Sigebalds Verlobung, den sie, wie du weißt, immer in Fasten und Einsamkeit zuzubringen beschlossen hat."

Der Ritter seufzte tief und blieb eine ganze Weile still; endlich hob er wieder an: „Wie viel Geld haben wir denn jetzt beisammen?"

„Fast zwei Reichsgulden – aber nicht ganz", sagte die Hausfrau.

„Und der Schlosser forderte für den Schlüssel?"

„Drei Goldgulden."

Da begann der alte Mann wieder zu seufzen und sah fragend im Gemach umher.

„Ja", sagte die Hausfrau, „zu verkaufen gibt es hier nichts mehr – es wäre denn das eine; der Schlosser meinte, da gäbe er gern noch ein paar Goldgulden dazu."

„Du meinst das da oben?", sagte der Greis und sah zu seinem alten Schwert empor.

Die Frau nickte.

Aber er fuhr zornig in die Höhe und rief:„ Da sei Gott vor! Ich werde zwar mit der alten Waffe nicht viel mehr ausrichten in dieser Welt, aber ehrlich auf meinem Sarg soll sie dennoch zu liegen kommen. Sigebald selbst verziehe es mir im Paradies wohl kaum, wenn ich die alte Ehrenklinge verkaufen würde."

Die Hausfrau begann zu weinen, denn sie musste daran denken, wie oft ihr erschlagener Sohn als schöner, jubelnder Knabe mit dieser Waffe gespielt und dazu von künftigen Siegen gestammelt hatte. Dann wurden die beiden alten Leute ganz still, löschten ihr Licht und gingen zu Bett.

Es mochte schon gegen Mitternacht gehen, da hörte der greise Ritter ein wunderliches Rufen und Tönen durch die Täler ziehen; von einer Waldeshöhe her leuchtete etwas wie eine hohe Flamme durch die Scheiben des kleinen Kammerfensters. Er wollte aufstehen und um sich schauen, aber die Hausfrau sagte: „Bleib liegen, Mann; ich höre es schon lange und bete still vor mich hin. Das ist gewiss ein ungeheurer Zug des Wilden Heeres."

„Hm", sagte Leuthold, „den Wilden Jäger hab ich wohl schon oftmals im nächtlichen Forst über mich hinbrausen gehört, aber das klingt ganz anders!"

„So muss es sonst ein Hexenwerk sein", sagte die Frau. „Wer weiß, was oben auf dem Brocken gebraut wird. Ich bitte dich, bleib liegen, und lass keine vorwitzigen Gedanken darüber in dir aufkommen."

Der Greis gab der Frau nach, er blieb still und betete leise. Dann aber fing er wieder an: „Frau, da ritt einer auf einem Schimmel am Fenster vorbei, gerade wie unser seliger Sohn zu reiten pflegte."

Sie zitterte und wies ihn mit leiser Stimme an zu schweigen. Aber nach einer Weile sagte der Alte wieder: „Hast du gehört, wie's da oben vom Berg herunterrief: ‚Schwenkt euch! Haut ein!' Der Nachtsturm nahm es mir halb vor den Ohren weg; aber kurz bevor Sigebald fiel, hat er noch ebenso gerufen."

„Wenn du mich töten willst mit Angst und Schrecken", sagte die Frau, „oder mich gar wahnsinnig machen, so fahre nur in solchen Reden fort; es bedarf wohl kaum mehr eines Wortes."

Da schwieg der alte Mann und drängte seine Gedanken, von denen viele und seltsame einander kreuzten, in die Brust zurück. Das wunderliche Getöse schwieg auch – oder verlor sich vielmehr in andere Täler –, und gegen Morgen schliefen die beiden alten Leute endlich ein.

Das helle Tageslicht fiel schon wieder über die Berge; die Hausfrau saß bereits an ihrem Spinnrocken; der greise Ritter wollte eben zur Pflege des kleinen Gärtleins mit Hacke und Spaten hinausgehen, da drehte er sich noch unter der Tür um und sagte: „Seltsam ist es doch: Wenn einmal die Nacht mit ihren Rätseln und Spukgeschichten ins Hirn des Menschen hineingedrungen ist, will es gar keine Ruhe mehr geben. Da hab ich bis zum letzten lichten Morgen vom Erntefest geträumt, wie wir es in besseren Zeiten auf der Stammburg zu feiern gewohnt waren."

„Fürwahr seltsam", unterbrach ihn die Hausfrau, „davon hat mir gerade auch geträumt. Die Bauern zogen mit ihren blanken Sensen zum Schlosshof herein, ihre Frauen und Töchter mit den bunten Harken, mit vielen Bändern dran. Hoch leuchtete der Erntekranz in das Blau des hellen Sommertags empor, und ach – voran schritt mein liebes, liebes Kind, ein zarter Knabe noch, ganz über und über in ein Geflecht von blauen Kornblumen eingewunden, ein schönes Kränzchen wie ein Bräutigam auf dem Kopf und eine große rote Blume vor der Brust. Und ich kannte die rote Blume wohl!"

Sie senkte wehmütig das Haupt, und der Ritter sagte, um sie von der Todeswunde des einzigen Sohnes abzulenken: „Das mit dem Singen ist mir doch das Seltsamste. Ich hörte das geistliche Lied, mit dem die Schar hereingezogen war, noch im Erwachen, und so ist mir noch in diesem Augenblick zu Mute, als klinge es in derselben Weise dort über den Berg hervor, den waldigen Abhang immer näher herunter; ja, wo ich jetzt die Tür aufmache, wird es mir ordentlich, als dringe der Klang stärker herein."

Die Hausfrau vernahm das alles auch und erhob sich in stummem Erstaunen, um an der Hand ihres Mannes vor die Tür hinauszutreten und sich nach den wundersamen Klängen umzuschauen, dreist gemacht durch den tröstlichen Morgenstrahl, der die Bäume und das tauige Gras unter ihnen vergoldete; dreister noch durch die gottesfürchtige Weise des immer näher heranwehenden Liedes; Schalmeien und Rohrflöten klangen in den Gesang.

Während die beiden alten Leute unter die Hüttentür

traten, wurde zwischen den Buchenstämmen viel Landvolk sichtbar, das hatte grüne Zweige auf den Hüten, blanke Sensen in der Hand – zum Teil aber auch blanke Hellebarden und Speere. „Ach Gott“, sagte die Hausfrau, „es ist doch jetzt nicht Erntezeit! Und wo wollen sie denn überhaupt so mit Sang und Klang hinaus? Sieh einmal, wie das Morgenrot auf ihren Sensen blitzt!“

„Hm, die müssen irgendwo ein sehr ernsthaftes Mähen abgehalten haben“, murmelte der Ritter, denn er kannte das Rot an den blanken Stahlklingen viel zu gut, um es wie seine Frau für Morgenrot anzusehen.

Mittlerweile hatten die Landleute einen Halbkreis um das ehrwürdige Ehepaar geschlossen, und zwischen dem Sensen- und Lanzenwetzen, das sie nach beendetem Lied anhoben, trat Diotwina aus ihren Reihen hervor, ging mit verklärtem Antlitz auf die staunenden Eltern zu und sprach: „Wer früh zum Beten geht, findet gute Frucht. Hier, am Waldsaum, sind mir jetzt ebendiese Heldenmänner begegnet und wollen, dass ihr's zuerst aus meinem Mund hören sollt: Sie haben eure Burg wieder zurückerobert: die Gegend ist frei, der Bedränger tot!“

Der greise Ritter starrte umher, als sei er wachend in die Träume der vergangenen Nacht zurückgesunken; da nahte sich ihm der Älteste der bewaffneten Landleute – auch ehrwürdig grauen Hauptes wie sein Herr –, und indem er ihm leise Hacke und Spaten aus den Händen nahm, legte er ihm einen alten, silbernen, mit Gold eingelegten Stab in die Arme, den Leutholds Ahnen seit undenklichen Zeiten geführt hatten und der jetzt mit den übrigen heiligen Familienrechten zurückerobert war. Dazu jubelten die Männer im Kreis ständig Diotwinas Worte nach: „Die Gegend ist frei, der Bedränger tot!", und ließen Waffen und Sensen lustig aneinander klingen.

„Es ist wirklich so", sprach der alte Landmann zu den noch immer zweifelnd staunenden Eheleuten. „Euer Neffe Richard ist von seinem Kreuzzug heimgekehrt, mein edler Herr, und hat seit gestern Abend, wo er sich in den ersten Gehöften sehen ließ, all diese Wunder vollbracht. Er mochte wohl schon wissen, wie innig wir uns nach unserem alten, rechten Herrn sehnten, denn er redete uns alle an, dass wir Speer und Sense für Euch erfassen müssten wie auf ein notwendiges, schon längst vorausbesprochenes Zeichen. Und da glaubten denn auch die Unentschlosseneren, es könne nicht anders sein. Darauf klangen die Sturmglocken, leuchteten die Kriegsfeuer von den Bergen. Wir strömten schnell zusammen und waren durch den jungen Helden ebenso schnell geordnet und wundersam durch seine Reden begeistert. Da ging es wie im Flug die Täler auf und nieder, wo sich die Waffenknechte des Grafen nur blicken ließen. Endlich erstürmten wir die Burg, und der Graf stürzte sich verzweifelnd in sein Schwert. Der junge Sieger führte uns bis unfern von hier Euch entgegen, dann sprengte er zu Eurem Stammsitz zurück; wohl um alles zu Eurem Empfang zu ordnen. Ist es Euch nun gefällig, von uns dahin geleitet zu werden, so stehen drei sanfte Rosse aus den Marställen Eurer eigenen Burg für Euch, Eure edle Frau und das holde Fräulein in unserer Schar."

Mit weit ausgebreiteten Armen segnete der alte Herr sein treues, tapferes Volk; die Rosse wurden herbeigeführt, man hob die drei verehrten Herrschaften hinauf und zog im Jubel den Weg zur Stammburg entlang.

Der alte Landmann schritt immer neben dem Pferd des

Ritters hin und erzählte vom Kampf dieser Nacht und von den wundersamen Taten Richards. Als nun Leuthold mit wachsender Freude und Verwunderung des Neffen Großmut, Feldherrnkraft und Heldengeist in vielfach wechselnden Begebenheiten vernahm, schwoll ihm endlich das edle Herz so ungestüm vor dankbarer Begeisterung, dass er, dem ganzen Zug vernehmlich, laut ausrief: „So gelobe ich denn bei meiner ritterlichen Ehre, dass unserem mutigen Retter das Liebste gehören soll, was ich auf der Erde kenne, und das ist meine holde Nichte Diotwina! Sie sei ihm verlobt vor Gott und den Menschen." Dabei hatte er die rechte Hand wie zum Eid gegen den Himmel ausgestreckt.

Der Zug hielt staunend und betrachtete den glühenden Greis; seine Frau aber sah vor Schreck totenbleich aus und brachte endlich mühsam die Worte hervor: „Mann, Mann, was hast du getan? Woher kommt dieses verderbliche Ungestüm unter so weißem Haar? Sieh doch um dich, wo wir stehen! Da ist ja die Kapelle, in der unser einziger Sohn schläft; und du hast gleich nach dessen Fall Diotwinas frommes Gelübde wohl vernommen, als reine Braut unseres Sigebald zu leben und zu sterben. Welch ein Eid soll denn nun gebrochen werden – ihrer oder deiner?"

Der alte Ritter ließ die Hand in großer Betrübnis sinken und seufzte: „Das ist es! Der Himmel streut seine herrlichsten Gaben, und der Mensch verkehrt sie im zügellosen Jubel um sich zum Verderben!"

Der ganze Zug blickte traurig und erschrocken auf den verstörten Herrn. Da öffnete Diotwina mit einem Engelslächeln ihren schönen Mund und sagte: „Vater und Mutter, betrübt euch nicht; ich denke, unsere Eide laufen nicht so sehr gegeneinander, wie ihr befürchtet."

Und zum alten Landmann gekehrt, fuhr sie fort: „Woher wisst ihr denn, dass euer Anführer von heute Nacht eben Richard war?"

„Mein Gott, edles Fräulein", entgegnete der Alte, „wer sollte es denn anders gewesen sein? Er trug ja doch die Farben unseres herrschaftlichen Hauses und dessen Wappenzeichen auf Feldbinde und Schild! Waren ja doch sein Wesen, seine Sprache und seine Art zu reiten ganz und gar nach Art unserer Herren! Auch rief er den Namen des Stammhauses immer mit furchtbar herrlicher Kriegsstimme aus, wenn sein Schimmel in die Haufen der Feinde hineinflog. Ja, er sagte oft zu uns, wir würden unter einem Spross der echten Wurzel fechten. Wer konnte es denn nun anders sein als Junker Richard? Sein Antlitz hat freilich niemand geschaut, denn er trug das Helmgitter immer geschlossen."

„So lasst euch denn erzählen, was mir heute Nacht begegnet ist", sagte Diotwina mit erhobener Stimme und feierlichem Wesen, „und hört mir achtsam zu, denn ich rede die reine Wahrheit, wie eine reine Jungfrau tun soll.

Ich stand an meinem Kammerfenster und begoss – teils mit frischem Quellwasser, teils mit eigenen Tränen – ein schönes, blühendes Myrtenbäumlein, das ich mir früher, in glücklicheren Zeiten, für meine Brautkrone hatte aufziehen wollen. Nun prangte es wunderherrlich, aber das Fest, zu dem es leuchten sollte, war für alle Zeiten dahin. In diesen und ähnlichen Gedanken wurde ich durch ein Geräusch vor der Kammertür gestört. Ich konnte deutlich hören, wie etwas mit leichten, leisen, aber waffenklirrenden Tritten die kleine Stiege heraufkam, und weil Vater und Mutter schon längst unten schliefen – es auch tief in die Nacht war –, überlief mich ein banger Schauder.

Da ging die Tür halb auf, ein gepanzerter Arm hielt die Feldbinde herein, die ich meinem Bräutigam gestickt hatte und die ihm mit in den Sarg gelegt worden war; dann sagte es draußen mit Sigebalds Stimme: ‚Ich bin es. Darf ich herein, ohne dass ich dich zu Tode erschrecke?'

‚In Gottes Namen!', rief ich, vor Furcht und Sehnsucht zitternd.

Da trat der bleiche, geharnischte Jüngling mit aufgeschlagenem Helmsturz ernst und langsam ins Gemach. Ich kannte seine holden Züge wohl wieder und hatte doch nicht recht das Herz hineinzusehen, sodass ich mir noch nicht ganz sicher bin, ob seine Augen starr und hohl waren wie die eines Toten oder milde glühend wie sonst.

‚Brauchst du Myrte noch für deinen Hochzeitstag?', fragte er freundlich.

Ich schüttelte das Haupt.

‚Gewiss nimmermehr?'

Ich schüttelte wieder.

‚Ach', bat er, ganz so schmeichelnd lieb und treuherzig wie sonst im Leben, ‚flechte mir doch einen Siegeskranz daraus, mein schönes Bräutchen; denn siehe, mir ist zugestanden das Geschäft der Rache und der Rettung in diesem bleichen Erdenleib auszuführen; und wenn er sich dann wieder in den Sarg legt, nimmt er den Siegeskranz mit.'

Ich flocht emsig und flocht die Zweige in einen schönen Kranz. Der Bräutigam stand lange und schweigsam an der Tür. Als ich nun fertig war, da beugte er sein Knie vor mir; ich setzte ihm den Kranz auf den Helm, und im Hinausschreiten sprach er zurück: ‚Sei auch nicht bang, schönes Liebchen, wenn's nun vom Schlachtenlärm durch die Täler rauscht; der Sieg ist mir von Gott in meine Hand gegeben.'

Damit nahm er Abschied und grüßte so anmutig, dass all mein Bangen schwand und ich ihm nachlächeln musste wie ehemals, wenn er auf ein Turnier hinauszog. Nur als ich ihn auf seinem Schimmel so schnell und luftig durch die Nacht dahinsprengen sah, kam mich wieder ein Grauen an. Ihr kennt nun euren Retter, teure Eltern und getreues Volk; und wenn ihr, wie ich euch denn darum bitte, Kapelle und Sarg öffnen wollt, so zweifle ich nicht, der Myrtenkranz um meines Bräutigams Helm wird euch die Wahrheit all meiner Worte bestätigen."

Sie sahen sich alle schweigend und zweifelnd an. Zwar erhob sich in manchem der Gedanke, Diotwinas Geist sei durch die seltsamen Begebenheiten der Nacht und wohl auch durch einen furchtbaren Traum zerrüttet; aber wenn man es sich zurückrief, wie besonnen-heiter sie dem Zug begegnet war, als sie aus der Hütte getreten war, konnte dieser Wahn keinen Raum mehr finden, und in der Tat mussten sich die Landleute erinnern, dass ihr Führer, nachdem er sie gesammelt hatte, eine Weile fern gewesen und dann mit einem Kranz um den Helm wiedergekommen war.

So geschah es denn nach Diotwinas Bitten: Die Kapelle wurde geöffnet, und die Mutter, die zweifelte, ob man die Gebeine des lieben Toten so dreist ans Licht rufen dürfe, wurde durch die Verheißung der Landleute beruhigt, an der Stätte Wache zu halten, bis Tür und Schloss wieder kunstvoll verschlossen dastünden.

Als nun aber die eingerostete Pforte so gewaltigen Widerstand leistete, da war es, als drücke die Körperwelt mit ihrer Schwere den Glauben an jene Erscheinung in allen Herzen tot; nur Diotwina lächelte zuversichtlich der Bewährung ihrer Worte entgegen. Der Deckel wurde abgenommen, und in voller Rüstung lag mit aufgeschlagenem Visier lächelnd der junge Held da, den Siegeskranz aus der Myrtenkrone seiner Verlobten um sein behelmtes Haupt geflochten. Da sank alles zu Boden und dankte und pries Gott.

Diotwina aber löste freudig ihr und des Oheims Gelübde. Sie blieb die treue Verlobte des Ritters bis zu ihrem Tod und bewohnte in der Nähe seiner Kapelle ein kleines Häuslein, das Richard, als er nach vielen Jahren wirklich heimkam und die Erbschaft, die ihm von den beiden alten Leuten in gutem Frieden hinterlassen worden war, antrat, zu einem schönen Frauenkloster erweiterte, unter dessen Schirm die Sigebaldskapelle noch lange nachher eine Stätte voll heiligen Schauders und ein Ziel vieler Wallfahrten geblieben ist.

Richard Middleton

Auf der Landstraße

Langsam war die Sonne über die kahlen weißen Hügelketten gestiegen, und wenig erinnerte dabei an den sonst so geheimnisvollen Zauber der Morgendämmerung, bis sie endlich hell über einer glitzernden Welt von Schnee stand. Während der Nacht hatte es stark gefroren, und die Vögel, die hier und da ermattet von der unbarmherzigen Kargheit des Lebens umherhüpften, hinterließen keine Spuren auf der silberglänzenden Decke. An einigen Stellen unterbrachen schützende Hecken die weiße Eintönigkeit, die sich über die farbige Erde gebreitet hatte, und der Himmel wandelte sich von Orange über ein tiefes Blau zu einem so blassen Hellblau, dass er eher zu einem Vergleich mit einem Schirm aus dünnem Pergament anregte, als die Vorstellung von einem grenzenlosen Raum gab. Über die flachen Felder strich ein kalter, lautloser Wind, der feinen Schneestaub von den Bäumen rieseln ließ, jedoch kaum die weiß geschmückten Hecken bewegte. Nachdem sie einmal den Horizont überschritten hatte, schien die Sonne schneller emporzuklimmen, und während sie höher stieg, begannen ihre wärmenden Strahlen sich mit der Schärfe des Windes zu verschmelzen.

Es mag wohl dieser ungewöhnlich rasche Temperaturwechsel gewesen sein, der den Landstreicher aus seinen Träumen aufstörte; denn einen Augenblick lang kämpfte er zappelnd mit dem Schnee, der ihn bedeckte, wie jemand, der sich in sein Bettzeug verfangen hat. Mit starrem, fragendem Blick setzte er sich auf. „Mein Gott!“, sagte er zu sich, als er die öde Landschaft wahrnahm. „Ich dachte, ich wäre im Bett. Stattdessen habe ich die ganze Zeit hier draußen gelegen.“ Er streckte seine Glieder, stand vorsichtig auf und schüttelte den Schnee ab. Der kalte Wind ließ ihn erzittern, und ihm wurde bewusst, wie warm sein Lager gewesen war.

„Anscheinend bin ich noch ganz gut in Form“, dachte er. „Ich kann wohl von Glück sagen, dass ich überhaupt bei diesem Wetter aufgewacht bin. – Oder auch nicht.“ Er hob den Kopf und sah die Hügelkette glänzend von dem Blau des Himmels abstechen, wie die Alpen auf einer Ansichtskarte. „Noch einmal vierzig Meilen!“, knurrte er grimmig. „Weiß der Himmel, was ich gestern getan habe. Bin marschiert, bis ich fertig war, und jetzt stehe ich hier, erst zwölf Meilen von Brighton weg. Zum Teufel mit dem Schnee, zum Teufel mit Brighton, zum Teufel mit allem!“ Die Sonne stieg höher und höher, und geduldig machte er sich wieder auf seinen Weg, den Rücken der Hügelkette zugekehrt.

„Bin ich froh oder traurig, dass ich noch einmal aufgewacht bin – froh oder traurig, froh oder traurig?“ Seine Gedanken kreisten im Takt seiner Schritte um diese Frage, doch er suchte keine Antwort darauf. Es genügte vollauf, danach zu marschieren.

Kurz darauf, als drei Meilensteine vorübergeschlendert waren, überholte er einen Jungen, der sich bückte, um eine Zigarette anzuzünden. Er trug keinen Mantel und sah unsagbar zerbrechlich gegen den harten, festen Schnee aus. „Auch auf der Walze, Chef?“, fragte der Junge heiser, als der Landstreicher vorbeiging.

„Ich glaube schon“, sagte der Landstreicher.

„Gut, dann will ich ein Stück mit Ihnen kommen, wenn Sie nicht zu schnell gehen. Es ist ein bisschen einsam, um diese Tageszeit allein zu tippeln.“ Der Landstreicher nickte, und der Junge begann, neben ihm herzuhinken.

„Ich bin achtzehn“, sagte er beiläufig. „Ich wette, Sie hätten mich für jünger gehalten.“

„Fünfzehn, hätte ich gesagt.“

„Die Wette hätten Sie verloren. Achtzehn letzten August, und ich bin schon sechs Jahre auf der Straße. Ich rannte fünfmal von zu Hause weg, als ich klein war, doch die Polizei brachte mich jedes Mal wieder zurück. Sie war sehr nett zu mir, die Polizei. Jetzt hab ich kein Zuhause mehr, von dem ich weglaufen kann.“

„Ich auch nicht“, sagte der Landstreicher gelassen.

„Oh, ich kann sehen, was Sie sind“, keuchte der Junge. „Sie sind ein heruntergekommener Herr. Es ist schwerer für Sie als für mich.“ Der Landstreicher warf einen Blick auf die hinkende, schwächliche Gestalt und verlangsamte seine Schritte.

„Ich bin noch nicht so lange dabei wie du“, gab er zu.

„Nein, das sehe ich schon an Ihrer Art zu gehen. Sie sind noch nicht müde geworden. Sie erwarten wohl etwas am anderen Ende?“

Der Landstreicher überlegte einen Augenblick. „Ich weiß nicht“, sagte er bitter. „Ich warte immer auf irgendetwas.“

„Das gibt sich mit der Zeit“, kommentierte der Junge. „Es ist wärmer in London, aber es ist schwerer, dort was zum Futtern zu kriegen. Es lohnt sich eigentlich nicht.“

„Trotzdem, man hat dort wenigstens die Chance, jemand zu treffen, der versteht, dass ...“

„Die Leute auf dem Lande sind besser", fiel ihm der Junge in die Rede. „Gestern Abend durfte ich umsonst in einem Stall unterkriechen, und heute Morgen holte der Bauer mich ins Haus und gab mir Frühstück, weil ich so klein bin. Natürlich, hier zähle ich; aber in London! Nachts der Nebel über dem Themseufer, und die ganze übrige Zeit jagt einen die Polente hoch."

„Letzte Nacht fiel ich am Straßenrand hin und schlief auf der Stelle ein", sagte der Landstreicher. „Ein Wunder, dass ich nicht gestorben bin."

Der Junge sah ihn forschend an. „Woher wissen Sie, dass Sie es nicht sind?", fragte er.

„Das verstehe ich nicht", sagte der Landstreicher nach einigem Besinnen.

„Hören Sie", sagte der Junge heiser, „Leute wie wir können von diesem Leben nicht loskommen, wenn wir auch wollen. Immer hungrig und durstig und hundemüde und immer auf der Achse. Und trotzdem, wenn mir jemand ein schönes Heim und Arbeit anbietet, kommt mir's hoch. Sehe ich vielleicht stark aus? Ich weiß, ich bin klein für mein Alter, aber ich habe mich sechs Jahre lang so herumgeschlagen. Glauben Sie nicht, dass ich inzwischen gestorben sein könnte? Einmal bin ich beim Baden in Margate ertrunken, und ein andermal hat mich ein Zigeuner mit einer Radspeiche erschlagen; er hieb mir glatt den Schädel ein. Und zweimal bin ich erfroren wie Sie letzte Nacht, und ein Auto hat mich auf dieser Straße überfahren. Und doch wandere ich jetzt auf derselben Straße nach London – nach London, um von dort wieder loszuziehen, weil ich es nicht lassen kann. Tot! Glauben Sie mir, wir können nicht los von diesem Leben, wenn wir es auch wollen."

Ein krampfartiger Husten schüttelte den Jungen, und der Landstreicher blieb stehen, bis er sich erholt hatte.

„Du solltest lieber für 'ne Weile meinen Mantel borgen, Kleiner", sagte er. „Du hast einen ganz schönen Husten."

„Hol Sie der Teufel!", sagte der Junge wütend und paffte an seiner Zigarette. „Es geht schon. Ich sprach gerade von der Landstraße. Sie haben es noch nicht begriffen, aber Sie werden schon noch dahinter kommen. Wir sind alle tot, alle, die wir auf der Landstraße liegen, und wir sind alle müde, und dennoch können wir sie nicht verlassen. Wie das duftet im Sommer, Heu und Staub, und der Wind kühlt einem das Gesicht an einem heißen Tag; es tut gut, an einem schönen Morgen im nassen Gras aufzuwachen. Ich weiß nicht – ich weiß nicht ..." Plötzlich taumelte er, und der Landstreicher fing ihn in seinen Armen auf.

„Mir ist schlecht", flüsterte der Junge, „schlecht."

Der Landstreicher sah sich auf der Straße um, aber er konnte keine Häuser sehen oder irgendetwas, woher Hilfe kommen konnte. Doch während er noch unschlüssig mit dem Jungen mitten auf der Straße stand, blitzte in der Ferne ein Auto auf und glitt rasch durch den Schnee heran.

„Was ist denn los?", fragte der Fahrer ruhig, als er die Bremse anzog. „Ich bin Arzt." Er blickte den Jungen prüfend an und lauschte kurz auf seinen gepressten Atem.

„Lungenentzündung", konstatierte er. „Ich nehme ihn mit ins Krankenhaus. Sie können auch mitkommen, wenn Sie wollen."

Der Landstreicher dachte an das Arbeitshaus und schüttelte den Kopf. „Ich möchte lieber laufen", sagte er.

Der Junge blinzelte schwach, als sie ihn in den Wagen hoben.

„Wir treffen uns hinter Reigate“, raunte er dem Landstreicher zu. „Sie werden sehen.“ Und lautlos entschwand der Wagen im Weiß der Straße.

Den ganzen Vormittag lang stapfte der Landstreicher durch den tauenden Schnee, aber um die Mittagszeit erbettelte er etwas Brot an der Tür eines Bauernhauses und kroch in eine einsame Scheune, um es zu verzehren. Drinnen war es warm, und nach seinem Mahl schlief er im Heu ein. Es war schon dunkel, als er aufwachte. Von neuem begann er sich auf der matschigen Straße weiterzuschleppen.

Zwei Meilen hinter Reigate schlüpfte eine Gestalt, eine zerbrechliche kleine Gestalt, aus der Dunkelheit und trat auf ihn zu.

„Auf der Walze, Chef?“, sagte eine heisere Stimme. „Dann will ich ein Stück mit Ihnen kommen, wenn Sie nicht zu schnell gehen. Es ist ein bisschen einsam, um diese Tageszeit allein zu tippeln.“

„Aber die Lungenentzündung!“, schrie der Landstreicher entsetzt.

„Ich starb heute Morgen in Crawley“, sagte der Junge.

EDGAR ALLAN POE

Die Maske des „Roten Todes“

Der „Rote Tod“ hatte schon lange gewütet. Noch nie war eine Seuche so furchtbar und entsetzlich gewesen. Blut war der Anfang, und Blut war das Ende – die rote Farbe des Bluts und ihr Schrecken. Mit heftigen Schmerzen und plötzlichem Schwindel begann es; dann folgte ein starkes Bluten aus allen Poren, und dann kam die Auflösung. Die Scharlachflecke am ganzen Körper, besonders im Gesicht, waren das Bannmal, das jede Hilfe und Teilnahme der Mitmenschen ausschloss. Beginn, Fortschritt und Ende der Krankheit waren das Werk einer halben Stunde.

Fürst Prospero aber war glücklich, furchtlos und weise. Als sein Gebiet schon zur Hälfte entvölkert war, lud er tausend gesunde und frohgemute Freunde aus dem Kreise der Ritter und Edeldamen des Hofes zu sich und zog sich mit ihnen in die stille Abgeschiedenheit einer seiner befestigten Abteien zurück. Diese Abtei war ein riesiger, prachtvoller Bau, der den exzentrischen, aber erlesenen Geschmack des Fürsten spiegelte. Das Ganze umschloss eine dicke und hohe Mauer, und durch sie hindurch führten eiserne Tore. Kaum war die Hofgesellschaft eingezogen, da brachte man Schmelztiegel und mächtige Hämmer herbei und schweißte die Riegel der Tore fest. Man wollte der Möglichkeit vorbeugen, dass sich ein plötzlicher Ansturm der Verzweiflung von außen her Eingang oder der Unverstand drinnen einen Ausgang erzwängte. Da die Abtei auch mit Vorräten reichlich versehen war, so konnte die Hofgesellschaft der Seuche wohl trotzen. Die Außenwelt mochte sich selber helfen. Einstweilen war es Torheit, zu trauern oder zu grübeln. Der Fürst hatte für alles gesorgt, was dem Vergnügen und der Unterhaltung dienen konnte, für Possenspieler und Improvisatoren, Balletttänzer und Musikanten, für schöne Frauen und guten Wein. Das alles und obendrein Sicherheit gab es innerhalb der Umwallung. Draußen raste der „Rote Tod".

Gegen Ende des fünften oder sechsten Monats seiner Abschließung, als draußen die Seuche am heftigsten wütete, veranstaltete Fürst Prospero für seine tausend Gefährten ein glänzendes Maskenfest.

Es war ein wollüstig-üppiges Bild, diese Maskerade. Doch halt – erst die Räume, in denen sie sich abspielte! Es gab ihrer sieben – eine königliche Flucht. In den meisten Palästen pflegt eine derartige Zimmerflucht einen langen, geraden Durchblick zu gewähren; die Flügeltüren können fast bis an die Seitenwände zurückgeschlagen werden, und kaum irgendwo ist die Fernsicht gehemmt. Hier aber lagen die Dinge anders, wie die Vorliebe des Herzogs für das Bizarre erwarten ließ. Die Räume waren so unregelmäßig angeordnet, dass man mit einem Blick kaum einen einzigen Saal überschauen konnte. Alle zwanzig bis dreißig Ellen kam eine scharfe Ecke und hinter jeder Ecke ein neuer Effekt: Zur Rechten und Linken sah man inmitten der Wände durch hohe, aber schmale gotische Fenster auf einen geschlossenen Korridor, der den Windungen der Zimmerflucht folgte. Die Scheiben waren aus buntem Glas, dessen Farbe stets mit der Ausstattung des betreffenden

Raumes harmonierte. Der Saal im äußersten Osten zum Beispiel war blau dekoriert, und lebhaft blau waren demgemäß seine Fenster. Im zweiten Saale waren die gewirkten Tapeten und Vorhänge purpurfarben, und purpurn schimmerten die Scheiben. Der dritte Raum war orangefarben möbliert und erleuchtet, der fünfte weiß, der sechste violett. Das siebte Gemach war mit schwarzem Samt ausgekleidet, der gleichmäßig Decke und Wände verhüllte, von diesen in schweren Falten auf einen Teppich vom gleichen Stoff sich herabsenkend. Hier aber fehlte die Übereinstimmung zwischen der Draperie und den Fenstern. Die Scheiben waren scharlachfarben – tiefrot wie Blut. In keinem der sieben Gemächer gab es inmitten des goldenen Zierrats, der in verschwenderischer Fülle umherstand oder von der Decke herabhing, irgendwelche Lampen oder Kandelaber. Kein Lampen- und Kerzenlicht flammte auf in der Flucht dieser Räume. Dagegen stand in den Korridoren, die neben den Sälen einherliefen, vor jedem Fenster ein mächtiger Dreifuß mit einer lodernden Kohlenpfanne, die ihren Feuerschein durch die farbigen Scheiben hindurchdringen ließ und die Räume so funkelnd erleuchtete. Allerhand prachtvolle und fantastische Wirkungen kamen auf diese Weise zustande, nur in dem westlich gelegenen schwarzen Saal war der Lichteffekt direkt schauerlich. Der durch die blutroten Fenster hereinströmende Flammenschein verlieh den Gesichtern der Eintretenden etwas so Unheimliches, dass nur sehr wenige aus der Gesellschaft den Fuß über die Schwelle zu setzen wagten.

In diesem Saale stand überdies an der westlichen Wand eine riesige Uhr aus Ebenholz. Dumpf, schwer und eintönig war das Geräusch ihres schwingenden

Pendels. Und wenn der Minutenzeiger das Zifferblatt umkreist hatte und es voll schlug, dann kam aus der ehernen Lunge der Uhr ein so reiner und lauter und tiefer Klang, ein Ton so wunderbar musikalisch, so eigenartig verhallend, dass immer, wenn eine Stunde herum war, die Musiker des Orchesters ihr Spiel einen Augenblick unterbrachen, um auf den Klang dieses Uhrwerks zu lauschen. Die tanzenden Paare mussten notgedrungen pausieren, und eine kurze Verstimmung der fröhlichen Maskengesellschaft war dann die Folge. Die Tollsten und Lustigsten wurden blass, solange das Schlagwerk der Uhr ertönte; die Älteren und Gesetzteren strichen sich mit der Hand über die Stirn, als wollten sie irgendeinen wirren Traum oder eine Erinnerung wegwischen. Sobald aber die Glockenschläge verklungen waren, ging wieder ein fröhliches Aufatmen durch die Gesellschaft. Die Musiker sahen sich lächelnd an, als schämten sie sich ihrer Schwäche und Torheit, und gaben sich flüsternd die Versicherung, dass der nächste Stundenschlag sie nicht aufregen solle. Wenn aber wiederum sechzig Minuten (das sind dreitausendsechshundert Sekunden der flüchtigen Zeit) verstrichen waren und das Uhrwerk zu neuem Schlage anhob, trat wieder dieselbe Verstimmung und Unruhe, dieselbe Versunkenheit in die Erscheinung.

Trotz alledem war es ein lustiges, glänzendes Fest. Der Herzog hatte seinen Geschmack für sich. Er besaß ein gut geschultes Auge für Farben und Farbenkontraste und pfiff auf die Schicklichkeitsvorschriften der Mode. Seine Entwürfe waren kühn und temperamentvoll, seine Ideen strahlten förmlich von Originalität. Manche würden ihn für übergeschnappt gehalten haben, seine Bewunderer wussten, dass er's nicht war. Man musste ihn sehen und reden hören, musste mit ihm in nähere Berührung kommen, um sicher zu sein, dass er nicht verrückt war.

Die Ausstattung der sieben Säle für dieses prunkvolle Fest war großenteils unter seiner Leitung erfolgt, und ebenso hatte sein origineller Geschmack allen Masken Charakter und Richtung gegeben. Sie waren natürlich entsprechend grotesk. Viel Glanz und Flitter, viel Pikanterie und Fantastik. Da gab es arabeskenartige Gestalten mit verrenkten Gliedern und nicht dazu passender Ausstaffierung – Ausgeburten der Fantasie, wie Verrückte sie träumen –, viel Schönes und schalkhaft Lustiges, viel Bizarres, manches Grässliche und gar nicht wenig, was direkt Abscheu hätte erregen können. Es waren lebendig gewordene Träume, was da in den sieben Gemächern beständig auf und ab wogte, und diese Träume wandelten hierhin und dorthin, nahmen die Farben der einzelnen Räume an und erweckten den Eindruck, als ob die wilde Musik des Orchesters nichts anderes sei als der Widerhall ihrer Schritte. Von Zeit zu Zeit schlug die Ebenholzuhr in dem schwarz ausgeschlagenen Saale. Dann trat einen Augenblick Ruhe ein. Bis auf die Stimme der Uhr herrschte Schweigen. Die wandelnden Träume erstarrten auf ihren Plätzen. Aber nur einen Augenblick währte das Schweigen – die hallenden Schläge des Uhrwerks verzitterten, und leises, halb unterdrücktes Lachen klang ihren entschwindenden Tönen nach. Die Musik schwoll an, die Träume erwachten zu neuem Leben, wanden sich froher denn je durch die Räume und borgten ihre Farben von den verschiedenen bunten Fenstern, durch die der Lichtschein der Dreifüße strömte. Nur in den Raum, der von den sieben am weitesten westwärts gelegen war, wagte keine der Masken mehr einzutreten. Die Nacht war im Schwinden, grelleres Licht flutete durch die blutroten Scheiben, und schauriger wirkten die finsteren Draperien. Wer seinen Fuß auf den schwarzen Teppich zu setzen wagte, der hörte aus unmittelbarer Nähe natürlich viel ernster und eindrucksvoller das einförmige Ticktack der Ebenholzuhr, eindrucksvoller als irgendeiner von denen, die in den entfernteren Räumen dem Frohsinn huldigten.

In diesen anderen Räumen drängte und schob sich die Menge, und fieberhaft pulste der Herzschlag des Lebens. In wirbelnder Lustigkeit nahm das Fest seinen Fortgang, bis plötzlich das Schlagwerk der Uhr zur Verkündung der Mitternachtsstunde ertönte. Die Musik verstummte in der geschilderten Weise, die Tänzer erstarrten in ihrer Bewegung, kurz, überall trat wie früher ein unbehaglicher Stillstand ein. Jetzt aber musste die Uhr zwölfmal schlagen, und das trug wahrscheinlich dazu bei, dass entsprechend der längeren Zeit auch ein Mehr an Gedanken die Köpfe der besinnlicheren Festteilnehmer beschäftigte. So kam es vielleicht, dass Einzelne unter der Menge, noch ehe der Nachhall des letzten Glockenschlags in der Stille verebbt war, die Anwesenheit einer Maske bemerkten, die niemand bis dahin wahrgenommen. Als das Gerücht sich im Flüsterton durch die ganze Gesellschaft verbreitet hatte, entstand an allen Ecken und Enden ein Zischeln des Unmuts und des Staunens, des Schreckens, Entsetzens und Abscheus.

Es war natürlich keine gewöhnliche Erscheinung, die in der fantastisch herausstaffierten Festgesellschaft, wie ich sie schilderte, solches Aufsehen erregte. Wohl herrschte in dieser Nacht nahezu unbeschränkte Maskenfreiheit, allein die fragliche Erscheinung hatte Herodes noch übertroffen und selbst die wahrlich weit gesteckten Schicklichkeitsgrenzen der Vorschrift des Fürsten arg überschritten. Auch in den Herzen der Gleichgültigsten ruhen Saiten, die sich nicht ohne Erschütterung antasten lassen. Selbst für die Leben und Tod sonst Verspottenden gibt es Dinge, die ihrer nun einmal nicht spotten lassen. Die ganze Gesellschaft schien deutlich zu fühlen, dass Kostüm und Auftreten des Fremden ebenso geistlos wie taktlos waren. Vom Kopf bis zum Fuß war die lange, hagere Gestalt in Grabgewänder eingehüllt, und die Maske, die das Gesicht bedeckte, war so genau dem starren Antlitz eines Toten nachgebildet, dass selbst die sorgsamste Prüfung nur schwer den Betrug zu erkennen vermochte. Dennoch hätten die tollen Genießer ringsum es ertragen, vielleicht gar gebilligt, wenn der Verwegene nicht so weit gegangen wäre, den „Roten Tod“ sich als Vorbild zu wählen. Sein Leichengewand war mit Blut bespritzt und seine Stirn und das ganze Gesicht mit Grauen erregenden Scharlachflecken gesprenkelt.

Als die Augen des Fürsten auf die gespensterhafte Erscheinung fielen, die – gleichsam um besser im Bilde zu bleiben – mit langsam-feierlichen Schritten zwischen den tanzenden Paaren einherstapfte, bemerkte man, wie er im ersten Augenblick heftig erschauernd zusammenzuckte. Gleich darauf aber schoss ihm die Zornröte in das Gesicht.

„Wer wagt es“, fragte er heiser die neben ihm stehenden Höflinge, „wer wagt uns mit diesem gotteslästerlichen Hohn zu beschimpfen? Ergreift ihn, und reißt ihm die Maske herunter, damit wir wissen, wen wir bei Sonnenaufgang aufknüpfen werden!“

Fürst Prospero stand in dem östlichen blauen Saal, als er das sagte. Laut und scharf drangen seine Worte durch alle sieben Räume; er war ein furchtloser, kräftiger Mann, und die Musik war auf einen Wink seiner Hand gleich verstummt.

Er stand, wie gesagt, in dem blauen Saal, und eine Gruppe bleicher Höflinge stand neben ihm. Als er zu sprechen anfing, machten die Herren eine Bewegung, als ob sie auf den Eindringling losstürzen wollten, der in dem Augenblick ganz in der Nähe war. Jetzt trat sie zögernd und mit gemessenen Schritten näher heran an den Fürsten. Die wahnwitzige Frechheit des Unbekannten hatte die Festteilnehmer mit namenloser Scheu erfüllt, sodass keiner wagte, die Hand nach ihm auszustrecken und ihn zu ergreifen. Ungehindert schritt er ganz nahe am Fürsten vorüber, und da die ganze Gesellschaft wie auf Kommando aus der Mitte der Säle fort und den Wänden zustrebte, ging er ohne Unterbrechung in jenem langsamen, feierlichen Tempo, das ihn von Anfang an gekennzeichnet hatte, durch den blauen Saal in den purpurfarbenen, durch den purpurfarbenen Saal in den grünen, durch den grünen in den orangefarbenen, durch diesen wieder in den weißen und selbst aus diesem noch in den violettfarbenenen Saal, ohne dass ein entschlossener Versuch gemacht worden wäre, ihm Halt zu gebieten. Dann aber stürzte Fürst Prospero, rasend vor Wut und vor Scham über seine eigene Feigheitsanwandlung, mit größter Hast durch die Säle. Niemand folgte, weil alle ein tödlicher Schreck wie gebannt hielt. Mit hochgeschwungenem blitzendem Dolch war er in kühner Entschlossenheit der vor ihm herschreitenden Gestalt bis auf drei oder vier Schritte nahe gekommen, als diese gerade das äußerste Ende des schwarzen Gemaches erreicht hatte. Da trat sie mit einer plötzlichen Wendung ihrem Verfolger entgegen. Ein durchdringender Schrei – blitzend sank der Dolch auf den schwarzen Samtteppich, und unmittelbar darauf lag Fürst Prospero tot auf dem Boden.

Jetzt raffte ein Teil der Festgenossen sich auf und rannte mit dem wilden Mut der Verzweiflung in das schwarze Gemach. Als sie jedoch den Unbekannten ergreifen wollten, dessen schlanke Gestalt hoch aufgerichtet und bewegungslos im Schatten der Ebenholzuhr dastand, ächzten sie auf in unsagbarem Grauen, weil hinter dem Grabgewand und der Totenmaske, die sie mit stürmischem Griffe gepackt hatten, nicht das geringste Erfassbare steckte.

Erst jetzt erkannte man die Gegenwart des „Roten Todes". Wie ein Dieb in der Nacht war er eingedrungen, und einer nach dem anderen brachen die Festteilnehmer auf der mit Blut betauten Stätte ihrer Lust zusammen, ein jeder mit dem Ausdruck der Verzweiflung, den sein Gesicht im Augenblick seines Sturzes angenommen. Zugleich mit dem Tode des Letzten der Fröhlichen entwich auch das Leben der Ebenholzuhr. Die Flammen erloschen, und Nacht, Verwesung und der „Rote Tod" herrschten unbeschränkt über allem.

Guy de Maupassant

Auf dem Wasser

Im letzten Sommer hatte ich am Ufer der Seine, ein paar Wegstunden von Paris entfernt, ein kleines Landhaus gemietet. Jeden Abend begab ich mich dorthin und blieb über Nacht. So wurde ich bald mit einem meiner Nachbarn näher bekannt, einem Mann von dreißig bis vierzig Jahren. Er war einer der merkwürdigsten Menschen, die mir in meinem Leben je begegnet sind.

Er war ein alter, erfahrener Ruderer und auf dem Wasser zu Hause. Man traf ihn nur nahe am Wasser, auf dem Wasser oder gar im Wasser. Es war, als sei er auf einem Boot zur Welt gekommen, und ich glaube, sein letztes Stündlein wird ihm auch einmal auf einer Kahnfahrt schlagen.

Eines Abends schlenderten wir an der Seine entlang, und ich sprach den Wunsch aus, einmal etwas Besonderes zu hören, was er auf seinen vielen Kahnfahrten erlebt habe. Da wurde er gesprächig; sein Gesicht nahm einen begeisterten Ausdruck an; seine Zunge wurde beredt, seine Sprache beinah dichterisch. Denn der Fluss war seine einzige Leidenschaft, eine unwiderstehliche, verzehrende Leidenschaft!

„Ja“, sagte er, „unendlich viele Erinnerungen ruft der Fluss in mir wach, der dort zu unseren Füßen hinfließt. Wer immer nur in den Straßen herumläuft, der weiß nicht, was das heißt: der Fluss! Aber hören Sie nur einmal hin, wie ein Fischer das Wort ausspricht: ‚Fluss‘! Für ihn ist der Fluss ein unerforschtes, unergründliches Geheimnis, ein Reich des Irrens und des Spuks. Da sieht man nachts Dinge, die unwirklich sind, hört Laute, für die es keine Erklärung gibt. Ein Schauer fährt einem durch die Glieder, man weiß nicht, warum. Es ist genau so, als wenn man über einen Friedhof geht. Und der Fluss ist auch ein grausiger Friedhof, der keine Grabstätten hat.

Ein Stück Land kann der Fischer übersehen; er sieht feste Linien, feste Grenzen. Aber der dunkle Strom, wenn nicht das Licht des Mondes darauf ruht, erscheint ihm unermesslich. So fühlt sich kein Schiffer auf hoher See der Gewalt der Unendlichkeit preisgegeben! Gewiss, das Meer ist wild und unbändig. Aber dann brüllt es und heult. Es zeigt sich offen und ehrlich. Der Fluss gibt kaum einen Laut von sich; aber er ist voller Heimtücke. Man hört ihn nicht toben; ewig fließt er dahin, fast lautlos. Doch dieses ewige Fluten des Stromes ist für mich unheimlicher als die aufgewühlten Wogen des Ozeans.

Fantasten erzählen, das Meer habe in seiner Tiefe weite, bläulich schimmernde Landschaften. Die ertrunkenen Menschen geistern darin umher, zwischen großen Fischen, inmitten fremdartiger Wälder und kristallener Grotten. Im Fluss ist nichts als dunkle Tiefe; alles versinkt im Schlamm. Und doch bleibt der Fluss schön, wenn er in der Morgensonne glänzt und leise zwischen dem Schilf des Ufers dahinplätschert.

Was uns mit dünnem, leisem Wispern das Schilf im Strom zuflüstert, kündet, glaube ich, viel schmerzlicheres Leid als die tragischen Schicksale, von denen die brausenden Wogen des Ozeans berichten.

Doch Sie wollten etwas hören, was ich selbst erlebt habe. Nun, da ist mir einmal etwas Merkwürdiges passiert, vor etwa zehn Jahren, und genau hier an dieser Stelle.

Ich wohnte schon damals im Haus der alten Mutter Lafon, da, wo ich noch heute wohne. Einer meiner besten Kameraden, Louis Bernet, wohnte zwei Meilen stromabwärts im Dorf C... Heute hat er längst das Rudern aufgegeben und das ganze ungebundene Leben, genau wie die zwanglose Kleidung; er ist Staatsrat geworden. Damals aßen wir alle Tage miteinander zu Mittag, bald bei ihm, bald bei mir.

So hatte ich ihn eines Abends besucht und wollte ziemlich müde nach Hause. Unter großer Anstrengung ruderte ich mein großes Boot stromaufwärts, einen Riesenkahn von zwölf Fuß Länge, den ich bei Nachtfahrten zu benutzen pflegte. Dort, wo das Röhricht in eine Spitze ausläuft, etwa zweihundert Meter vor der Eisenbahnbrücke, hielt ich ein paar Sekunden an, um Atem zu schöpfen. Das Wetter war herrlich; der Mond schien hell, schimmernd lag der Fluss vor mir; die Luft war ruhig und mild. Die Stille war verlockend; ein Pfeifchen Tabak, dachte ich, würde mir gut tun. Wie gedacht, so getan; ich warf meinen Anker aus.

Das Boot trieb mit der Strömung, die Ankerkette wickelte sich ab, und es stand still. Ich ging zum Steuersitz und machte mir's dort auf meinem Schaffell bequem. Ringsum war alles ruhig; nur zuweilen glaubte ich ein leises, kaum hörbares Plätschern vom Ufer her zu vernehmen. Über die Masse des Schilfes ragten einzelne Rohrbüschel in die Höhe. Sie nahmen seltsame Formen an und schienen sich zu bewegen.

Ganz ruhig floss der Strom dahin. Ich war ergriffen

von der feierlichen Stille, die mich umgab. Alle Frösche, Kröten und die anderen nächtlichen Sänger im Sumpf waren verstummt. Da plötzlich quakte mir zur Rechten ganz laut ein Frosch – ich fuhr zusammen. Dann war wieder kein Laut zu hören. Ich setzte meine Pfeife in Brand, nur um überhaupt etwas zu tun. Mir geht normalerweise nichts über einen guten Tabak; aber nach dem zweiten Zug hatte ich genug und gab es auf. Ich begann, halblaut vor mich hin zu singen. Der Klang meiner eigenen Stimme war mir unangenehm. Da streckte ich mich lang auf dem Boden des Bootes aus und sah in den Himmel. So fand ich für einige Zeit Beruhigung, dann schreckte mich das leichte Schwanken des Bootes wieder auf. Es war mir, als bewege es sich in weitem Zickzack hin und her und stieße bald an dieses, bald an jenes Ufer. Dann wieder glaubte ich, ein unsichtbares Wesen oder eine heimliche Gewalt zöge es langsam in die Tiefe, trüge es empor und ließe es wieder absinken. Ich fühlte mich hin- und hergeschüttelt wie von einem Sturm. Ringsumher hörte ich es rauschen. Mit einem Ruck richtete ich mich auf: Um mich herum schillerte das Wasser – alles war ruhig.

Meine Nerven waren überreizt; ich entschloss mich weiterzufahren. Ich zog die Ankerkette ein, und das Boot folgte dem Zug; doch der Anker ließ sich nicht heben. Ich zog stärker; der Anker gab nicht nach. Er hatte sich auf dem Grund des Wassers festgehakt, es gelang mir nicht, ihn emporzuziehen. Ich versuchte es noch einmal – umsonst! Da wandte ich das Boot. Ich ruderte überstrom und zog am Anker nach der anderen Seite – alles vergebens. Er saß fest. Mich packte der Zorn. Wütend zerrte ich an der Kette – nichts rührte sich: Entmutigt setzte ich mich wieder auf meinen Platz und überlegte, was ich tun könnte. Es war unmöglich, die Kette zu sprengen oder sie vom Boot zu lösen; denn sie war sehr stark und saß im Vorderende des Fahrzeugs fest in einem Holz, das dicker war als mein Arm. Aber das Wetter blieb sehr schön, und so hoffte ich, dass bald ein Fischer auf seiner Fahrt vorbeikäme und mir helfen könne. Nun betrachtete ich mein Missgeschick mit Ruhe und schmauchte endlich meine Pfeife. Ich hatte eine Flasche Rum bei mir, trank zwei, drei Glas daraus, und schließlich musste ich selbst über meine Lage lachen. Es war sehr schwül, also musste ich schlimmstenfalls eine Nacht hier unter freiem Himmel zubringen.

Plötzlich war ein leichter Stoß gegen die Bootswand zu hören. Ich sprang auf, kalter Schweiß brach mir aus allen Poren. Ohne Zweifel war das Geräusch durch nichts anderes verursacht worden als durch ein Stück Holz, das die Strömung an das Boot getrieben hatte; aber es genügte, mich wieder in eine unerklärliche, nervöse Erregung zu versetzen. Ich packte noch einmal die Kette und zog mit aller Kraft daran. Der Anker saß fest. Völlig erschöpft sank ich auf meinen Sitz.

Unterdessen hatte sich der Fluss allmählich mit dichtem weißem Nebel bedeckt. Er lag unmittelbar auf dem Wasser. Wenn ich stand, sah ich weder das Wasser noch meine Füße noch das Boot. Ich erkannte nur noch die Spitzen des Röhrichts und weiterhin, im fahlen Licht des Mondes, die Uferebene mit großen, dunklen Flecken, die sich zum Himmel emporreckten, Gruppen hoher Pappeln. Bis zum Gürtel war ich wie in ein wollenes Tuch von unnatürlich weißer Farbe gehüllt. Wilde Hirngespinste wurden wach. Ich bildete mir ein, es versuche jemand, in das Boot zu steigen, das ich nicht mehr sehen konnte; der Strom, den mir der undurchsichtige

Nebel verbarg, wimmelte von seltsamen Wesen, die darin umherschwammen. Ich empfand grässliches Unbehagen, einen Druck auf die Schläfen; das Herz schlug mir bis zum Hals, und ich dachte schon daran, mich schwimmend zu retten. Aber sofort flößte mir dieser Gedanke auch wieder Entsetzen ein. Ich sah mich schon verloren, ins Ungewisse vorwärtsstreben in dem dichten Nebel, mitten in Gras und Schilf, dem ich nicht ausweichen konnte, sah mich, wie ich, keuchend vor Angst, das Ufer nicht erspähen und mein Boot nicht wiederfinden konnte. Mir war, als würde ich schon an den Füßen hinabgezogen in die dunkle Tiefe des Wassers.

Und da ich ganz gewiss wenigstens fünfhundert Meter gegen den Strom hätte schwimmen müssen, ehe ich eine von Binsen und Rohr freie Stelle gefunden hätte, an der ich hätte Fuß fassen können, so standen die Aussichten für mich neun gegen eins, dass ich im Nebel die Richtung verlieren und ertrinken könnte, auch wenn ich ein guter Schwimmer war.

Ich musste mich zusammennehmen! Ich wollte einfach keine Furcht mehr empfinden! Aber so fest ich mir's auch vornahm, immer regte sich ein zweites Ich, und dieses zweite Ich – hatte Furcht. Ich fragte mich, was es eigentlich zu fürchten gäbe. Mein tapferes Ich spottete über das feige Ich. Nie habe ich so wie an diesem Tag den Gegensatz der beiden Wesen verspürt, die in uns wohnen. Das eine will, das andere will nicht, und abwechselnd haben sie die Oberhand.

Die törichte, unerklärliche Angst nahm zu und wurde unerträglich. Ich rührte mich nicht mehr, hielt die Augen offen, spitzte die Ohren und wartete. Worauf? Ich wusste es nicht; aber es musste etwas Grausiges sein.

Ich glaube, wenn in diesem Augenblick ein Fisch aus dem Wasser geschnellt wäre, wie es doch häufig geschieht, hätte das genügt, mich mit einem Schlag in Bewusstlosigkeit versinken zu lassen.

Ich raffte allen Mut zusammen und gewann wieder die Herrschaft über meinen Verstand, die mir schon zu schwinden drohte. Ich griff wieder zur Rumflasche und trank in vollen Zügen. Da kam mir ein Gedanke. Ich wandte mich nach allen vier Himmelsrichtungen und rief, so laut ich konnte. Als ich mich heiser gerufen hatte, lauschte ich. Ein Hund heulte weit in der Ferne.

Dann trank ich noch einen Schluck und streckte mich wieder lang auf dem Boden meines Kahnes aus. So blieb ich liegen, ohne zu schlafen, vielleicht eine Stunde, vielleicht auch zwei Stunden, mit offenen Augen, von Schreckbildern gemartert. Ich wagte nicht, mich zu erheben, sosehr es mich auch danach verlangte. Ich schob es auf von Minute zu Minute. Ich sagte mir: ‚Vorwärts, aufstehen!' Aber dann hatte ich Angst, mich zu rühren. Schließlich erhob ich mich doch, unendlich vorsichtig, als könnte das geringste Geräusch mein Leben gefährden, und schaute über Bord.

Da wurde ich geblendet von dem herrlichsten Anblick, den man wohl je genießen kann, einem jener Traumgebilde aus dem Feenland, von denen Reisende erzählen, wenn sie aus fernen Ländern heimkehren, und die wir nicht für möglich halten.

Der Nebel, der noch zwei Stunden zuvor auf dem Wasser lag, hatte sich verzogen. Ganz frei dehnte sich vor mir der Fluss. Aber an jedem Ufer stand wie eine Hügelkette eine sechs bis sieben Meter hohe Nebelwand und leuchtete im Mondschein in schneeigem Glanz. Ich sah nichts als den flimmernden Strom zwischen den beiden weißen Gebirgszügen, und über meinem Kopf stand voll und groß ein freundlich herableuchtender Mond.

Alle Tiere am Wasser waren munter geworden. Laut quakten die Frösche, und von Zeit zu Zeit war bald rechts, bald links der kurze, wehmütige Ruf zu hören, den mit dunkler Stimme die Unke zu den Sternen emporschickt. Seltsam! Jetzt war alle Furcht von mir abgefallen; hier in dieser außergewöhnlichen Landschaft hätten mich auch die absonderlichsten Dinge nicht mehr in Erstaunen versetzen können.

Wie lange das währte – ich weiß es nicht; denn schließlich bin ich eingeschlummert. Als ich die Augen wieder aufschlug, war der Mond untergegangen, und der Himmel hatte sich bezogen. Müde plätscherte das Wasser, der Wind blies; es war kühl geworden. Tiefes Dunkel lag über dem Strom.

Ich leerte aus, was noch vom Rum übrig war, dann hörte ich zähneklappernd auf das Rascheln im Schilf und auf das Rauschen des Stromes; es klang jetzt, als ob es Unheil verkünden wolle. Ich versuchte, meine Umgebung zu erkennen, aber in dem Dunkel konnte ich nicht mehr mein Boot, nicht einmal mehr die Hand vor Augen sehen.

Allmählich ließ die Dunkelheit nach. Da war mir plötzlich, als gleite ganz nahe ein Schatten vorüber. Ich stieß einen Schrei aus und erhielt Antwort; es war ein Fischer. Ich rief ihn heran, er kam näher, und ich erzählte ihm mein Missgeschick. Er brachte sein Boot längsseits an das meine, und wir zogen beide an meiner Ankerkette. Der Anker rührte sich nicht. Der Tag brach an, düster, grau, regnerisch, kühl, so recht ein Tag, der Trauer und Unheil mit sich bringt. Da bemerkte ich ein zweites Boot; wir riefen es an. Der Mann, der es führte, half uns, und nun mühten wir uns zu dritt ab. Jetzt ließ der Widerstand allmählich nach; der Anker hob sich, aber langsam, ganz langsam; ein ganz beträchtliches Gewicht belastete ihn. Endlich erkannten wir eine dunkle Masse und zogen sie in mein Boot.

Es war der Leichnam einer alten Frau; an ihrem Halse hing ein großer, schwerer Stein.

Heinrich von Kleist

Das Bettelweib von Locarno

Am Fuße der Alpen, bei Locarno im oberen Italien, befand sich ein altes, einem Marchese gehörendes Schloss, das man jetzt, wenn man vom St. Gotthard kommt, in Schutt und Trümmern liegen sieht, ein Schloss mit hohen und weitläufigen Zimmern. In einem dieser Zimmer war einst eine alte kranke Frau, die sich bettelnd vor der Tür eingefunden hatte, von der Hausfrau aus Mitleid auf Stroh gebettet worden. Der Marchese, der bei der Rückkehr von der Jagd zufällig in das Zimmer trat, wo er seine Büchse abzusetzen pflegte, befahl der Frau unwillig, aus dem Winkel, in welchem sie lag, aufzustehen und sich hinter den Ofen zu verfügen. Die Frau, als sie sich erhob, glitschte mit der Krücke auf dem glatten Boden aus und beschädigte sich auf so gefährliche Weise das Kreuz, dass sie zwar noch mit unsäglicher Mühe aufstand und quer, wie es vorgeschrieben war, durch das Zimmer ging, hinter dem Ofen aber stöhnend und ächzend niedersank und verschied.

Mehrere Jahre danach, als der Marchese durch Krieg und Missernten in bedenkliche Vermögensumstände geraten war, fand sich ein florentinischer Ritter bei ihm ein, der das Schloss, seiner schönen Lage wegen, von ihm kaufen wollte. Der Marchese, dem viel an dem Handel gelegen war, trug seiner Frau auf, den Fremden in dem oben erwähnten leer stehenden Zimmer, das sehr schön und prächtig eingerichtet war, unterzubringen. Aber wie betreten war das Ehepaar, als der Ritter mitten in der Nacht verstört und bleich zu ihnen herunterkam, hoch und teuer versichernd, in dem Zimmer spuke es. Etwas dem Blick Unsichtbares sei mit einem Geräusch, als ob es auf Stroh gelegen habe, im Zimmerwinkel aufgestanden, mit vernehmlichen Schritten, gebrechlich, quer durch das Zimmer gegangen und hinter dem Ofen unter Stöhnen und Ächzen niedergesunken.

Der Marchese, erschrocken, er wusste selbst nicht recht, warum, lachte den Ritter mit gekünstelter Heiterkeit aus und sagte, er wolle sogleich aufstehen und die Nacht zu seiner Beruhigung mit ihm in dem Zimmer zubringen. Doch der Ritter bat um die Gefälligkeit, auf einem Lehnstuhl in seinem Schlafzimmer übernachten zu dürfen, und als der Morgen kam, ließ er anspannen, empfahl sich und reiste ab.

Dieser Vorfall, der außerordentliches Aufsehen erregte, schreckte auf eine dem Marchese höchst unangenehme Weise mehrere Käufer ab. Als dann auch unter seinem eigenen Hausgesinde, befremdend und unbegreiflich, das Gerücht aufkam, dass es in dem Zimmer zur Mitternachtsstunde umgehe, beschloss er, um es mit einem entscheidenden Verfahren niederzuschlagen, die Sache in der nächsten Nacht selbst zu untersuchen. So ließ er beim Einbruch der Dämmerung sein Bett in dem besagten Zimmer aufschlagen und harrte, ohne zu schlafen, der Mitternachtsstunde. Aber wie erschüttert war er, als er in der Tat mit dem Schlag der Geisterstunde das unbegreifliche Geräusch wahrnahm: Es war, als ob ein Mensch sich vom Stroh, das unter ihm knisterte, erhob, quer durch das Zimmer ging und hinter dem Ofen unter Geseufze und Geröchel niedersank. Die Marquise fragte ihn, als er am anderen Morgen herunterkam, wie die Untersuchung abgelaufen sei, und da er sich mit scheuen und ungewissen Blicken umsah und, nachdem er die Tür verriegelt hatte, versicherte, dass es mit dem Spuk seine Richtigkeit habe, da erschrak sie so wie nie zuvor in ihrem Leben und bat ihn, bevor er die Sache laut werden ließe, sie noch einmal in ihrer Gesellschaft einer kaltblütigen Prüfung zu unterwerfen. Sie hörten aber samt einem treuen Bediensteten, den sie mitgenommen hatten, in der Tat in der nächsten Nacht dasselbe unbegreifliche, spukartige Geräusch, und nur der dringende Wunsch, das Schloss, koste es, was es wolle, loszuwerden, half ihnen, das Entsetzen, das sie ergriff, in Gegenwart ihres Dieners zu unterdrücken und dem Vorfall eine gleichgültige und zufällige Ursache, die sich entdecken lassen müsse, unterzuschieben.

Am Abend des dritten Tages, da beide, um der Sache auf den Grund zu kommen, mit Herzklopfen wieder die Treppe zu dem Zimmer hinaufstiegen, fand sich zufällig der Haushund, den man von der Kette losgelassen hatte, vor der Tür des Zimmers ein. Die beiden Eheleute, ohne genau zu wissen, warum, vielleicht aber in der unwillkürlichen Absicht, außer sich selbst noch etwas Drittes, Lebendiges, bei sich zu haben, nahmen den Hund mit sich in das Zimmer. Das Ehepaar, zwei Lichter auf dem Tisch, die Marquise unausgezogen, der Marchese Degen und Pistolen neben sich, setzte sich gegen elf Uhr jeder auf sein Bett; und während sie sich mit Gesprächen, so gut es ging, zu unterhalten versuchten, legte sich der Hund, Kopf und Beine zusammengekauert, in der Mitte des Zimmers nieder und schlief ein.

Darauf genau um Mitternacht lässt sich das entsetzliche Geräusch wieder hören: Jemand, den kein Mensch mit Augen sehen kann, hebt sich auf Krücken im Zimmerwinkel empor; man hört das Stroh, das unter ihm raschelt, und mit dem ersten Schritt: Tapp! Tapp! erwacht der Hund, erhebt sich plötzlich, die Ohren spitzend, vom Boden, und knurrend und bellend, gerade als ob ein Mensch auf ihn zugeschritten käme, weicht er rückwärts gegen den Ofen aus. Bei diesem Anblick stürzt die Marquise mit gesträubten Haaren aus dem Zimmer, und während der Marchese, der den Degen ergriffen hatte, ‚Wer da?' ruft und nach allen Richtungen die Luft durchschneidet, lässt sie anspannen, entschlossen, augenblicklich nach der Stadt abzufahren. Aber ehe sie noch, nach Zusammenraffung einiger Sachen, aus dem Tor herausgerasselt kommt, sieht sie schon das Schloss ringsum in Flammen aufgehen.

Der Marchese, von Entsetzen gepackt, hatte eine Kerze genommen und das Zimmer, das überall mit Holz getäfelt war, an den vier Ecken angesteckt. Vergebens schickte sie Leute hinein, den Unglücklichen zu retten, er war auf die elendiglichste Weise bereits umgekommen. Noch jetzt liegen seine weißen Gebeine in dem Winkel des Zimmers, von welchem er das Bettelweib von Locarno hatte aufstehen heißen.

HEINRICH SEIDEL

Das arme alte Gespenst

Am Rand des Kiefernwaldes lag ein wüstes, sandiges Feld. Es war ganz sich selber überlassen; es wuchs darauf, was wollte, und das war recht wenig, denn es gehörte viel guter Wille dazu, auf diesem Feld zu gedeihen. Einige Wacholderbüsche hatten es mit zäher Energie fertig gebracht und zeigten sich von ferne gesehen als einzelne dunkle Gestalten darüber zerstreut, scheinbar in trauriges Nachdenken versunken über ihren trübseligen Beruf. Eine tapfere und listige Sorte von Sandgras, das unter der Oberfläche in sicherer Tiefe strahlenförmig lange schnurgerade Schossen treibt und aus diesen in abgemessenen Entfernungen seine spitzigen Blätter emporsendet, hatte einzelne Strecken übersponnen, an geschützten Orten hatte rötliches Heidekraut zu kleinen Flächen sich zusammengedrängt, und auf einem niedrigen Sandhügel stand eine knorrige, verkrüppelte Kiefer, bald mit bloßgelegten Wurzeln, bald auch wieder fußtief im Sand vergraben, je nach des regierenden Windes Herrscherlaune. Dieser kleine Sandhügel, der an sonnenhellen Tagen als ein blendender Punkt in der ebenen Landschaft weithin sichtbar war, hatte sich noch nicht für seine endgültige Form entschieden, und unter Beihilfe gütiger Luftströmungen sich in immer neuen Gestalten der erstaunten Umgebung zu zeigen, war sein unablässiges Bestreben.

Der Fleck war einsam und lag an der letzten Grenze der Stadtfelder; niemand suchte dort etwas, weil dort nichts zu finden war. Eine kurze Zeit lang war es anders gewesen, bald nach der Abholzung des kümmerlichen Waldes, der vor Jahren dort gestanden hatte. Es ward bekannt gemacht, dass die Bürger der Stadt an dieser Stelle gegen eine ganz geringe Gegenleistung Kartoffelland erhalten könnten, und es fanden sich zwei Nachbarn, deren Herzen dies Anerbieten mit vagen Hoffnungen und hochfliegenden Spekulationen erfüllte und die in wunderbarer Verblendung von diesem „Urboden" eine üppige Ernte erwarteten. Weise Männer zuckten die Achseln, gewichtige Ackerbürger gaben abmahnende Ratschläge aus dem reichen Schatz ihrer Erfahrung, allein der Dämon der Habgier hatte die Herzen der beiden Männer verhärtet, also dass ihr Sinn verblendet war.

Eines Tages ließ der eine derselben, ein Schuster, sämtliche landwirtschaftlichen Schätze, welche seine fleißige Kuh den Winter über produziert hatte, aufladen und hinausfahren. Er schwang selber die dreizinkige Gabel und schaute mit Befriedigung auf den reichen Segen, der ihm verheißend entgegendampfte.

Am anderen Tag fand bei dem Nachbarn Schneider ein ähnliches Ereignis statt. Aber ach, es war nur eine Karikatur dessen, was wir vorhin gesehen haben. Der arme Schneider hatte es nur zu einem Exemplar jenes Tieres bringen können, dessen männliche Mitglieder von alters her zum Schneiderstand in einer von gewissenlosen Spöttern vielfach ausgenutzten Beziehung stehen, und wer die geringen Leistungen dieses Vierfüßlers für den vorliegenden Zweck aus eigener Anschauung kennt, der wird es begreiflich finden, dass der dünne Schneider und seine kümmerliche Ehehälfte es vermochten, im Laufe des Tages auf zwei Handkarren die ganze wohlzusammengesparte Sammlung auf den Acker zu befördern. Seufzend betrachtete das Ehepaar dort den in üppigen Hügeln sich darstellenden Reichtum des Nachbarn – ach, ungleich verteilt sind die Güter dieser Welt!

Nach einigen Tagen ging der Schneider wieder hinaus, um sein Land umzugraben. Wohlausgebreitet, einer Samtdecke vergleichbar, lag jetzt das nachbarliche Gut auf dem Felde. Der Schneider seufzte wieder und begann seine Arbeit. Aber der kräftige Duft, der vom Nebenland zu ihm herüberwehte, ließ ihm keine Ruhe und befruchtete seine Fantasie. Er sah im Geiste beide Felder nebeneinander liegen, das eine grün und üppig bewaldet, dass man den Grund nicht sah, das andere mit niedrigen gelbgrünen Büschen besetzt, sodass man sie vergleichen konnte den beiden Tieren, welche so fleißig für ihr Gedeihen gearbeitet hatten. Der Gedanke ließ ihm keine Ruhe, und zu dem Dämon der Habsucht gesellte sich der des Neides. Und aus beider Vermählung ward die Untat geboren, welche dem armen Schneider so verhängnisvoll werden sollte.

Er war der ehrlichste Schneider von der Welt gewesen, und seine Hölle war leer geblieben bis auf diesen Tag. Selbst als er dem reichen durchreisenden Herrn den Rock gemacht hatte von dem feinsten Tuch der Welt, dergleichen er nie zuvor und nie nachdem gesehen hatte, behielt er nichts zurück, als, mit Erlaubnis des Fremden, ein kleines Fleckchen, das ihm für diesen meteorglänzenden Höhepunkt seiner Laufbahn als Beweisstück diente. Es lag zu Hause, in sieben Papiere eingewickelt, wohl verwahrt in einer Schachtel. Aber der

Mensch soll sich hüten, bösen Leidenschaften die Einkehr in sein Herz zu gestatten.

Er hatte aufgehört zu graben und sah sich vorsichtig um, dann stieg er auf einen Stein und reckte sich und schaute in die Ferne, dass er mit seiner dünnen Gestalt wie ein einsames Ausrufungszeichen in der Landschaft stand. Aber es war ringsherum niemand zu sehen, nur ein in Nahrungssorgen vertiefter Storch stelzte in einem fernen Wiesengrunde umher. Der Schneider brachte einen Busch zwischen sich und diesen Storch und schaute wieder auf den Nebenacker. Wie das köstlich und verheißungsvoll dalag! Dann sah er sich noch einmal vorsichtig um und schlich auf das schusterliche Feld. Nach kurzer Prüfung schob er seinen Spaten behutsam unter eines jener flachen Gebilde, welche, wie allgemein bekannt, nur der Kuh in dieser Vollendung gelingen, und schleuderte es auf seinen Acker. Eine geschickte Verteilung des umherliegenden Materials ließ die entstandene Lücke verschwinden, und bald war die letzte Spur der Tat unter dem Sand verborgen. Mit einem Mal geschah ein Klappern auf der Wiese, der Storch hüpfte mit ausgestreckten Beinen eine Weile über das Gras, hob sich dann empor und flog auf die Stadt zu. Der Schneider schrak zusammen und zitterte, ihm war, als habe der kluge Vogel alles gesehen und eile, ihn anzuklagen. Doch der Schreck legte sich, und da nun der erste Schritt getan war, so folgten ihm noch manche andere, wobei der vorsichtige Schatzdieb allemal bestrebt war, die Spuren seiner Tat sorglich zu verbergen.

Sie blieb auch unentdeckt. Am anderen Tag schickte der Schuster seine Gesellen und sein Mädchen hinaus, und diese gruben wohlgemut den Acker um, ohne im Geringsten an dergleichen zu denken. Dem armen

Schneider fiel ein Stein vom Herzen, als in der nächsten Zeit alles still blieb. Die Ruhe seines Gemüts aber war und blieb verschwunden. Es war, als ob ein dämonisches Etwas ihn immer zu dem Kartoffelfelde hinzöge, wo die Jungfräulichkeit seiner ehrlichen Gesinnung neben so geringfügigen und niedrigen Gegenständen begraben lag. Des Abends, wenn es dunkel ward, sah man ihn den Feldweg entlangschleichen und in den Himmel nach Wolken spähen. Von Zeit zu Zeit bohrte er mit dem Fuß im mahlenden Sand, bis er auf die Feuchtigkeit kam, die sich vor den Sonnenstrahlen und dem ausdörrenden Winde in die Tiefe zurückzog. Je klarer der Himmel leuchtete, je bewölkter waren seine Züge, bis endlich der ersehnte Regen kam, mehrere Tage anhielt und einen freundlichen Schein über sein abgewelktes Gesicht verbreitete.

Die Kartoffeln mussten von einer leichtgläubigen und vertrauensseligen Sorte sein, denn sie ließen sich durch diesen Regen verleiten zu keimen, nach einiger Zeit streckten sie die ersten grünen Blätter aus dem Sande hervor und schienen gesonnen, auch von den schwierigsten Umständen sich nicht zurückschrecken zu lassen. Ein warmer Frühling und günstige Regengüsse beförderten ihr Wachstum, und nun begann eine neue Qual für den armen Schneider. Das böse Gewissen leitete seine Blicke mit dämonischer Macht immer auf einzelne seiner Pflanzen, welche unter den anderen durch ein volleres Grün und üppigeres Wachstum sich auszeichneten. Seine Schuld wuchs aus dem Boden, und jedes dieser Gewächse war eine grünende Anklage.

Das Kartoffelkraut mochte etwa die Höhe von drei Zoll erreicht haben, und der Schneider dachte schon daran, ob es wohl Zeit sei zu häufeln, da trat eine große

Dürre ein. Der Himmel glänzte wie poliert hernieder, und eine unerbittliche Sonne brannte Tag für Tag auf das unbeschützte Feld. Zuweilen rotteten sich nach Mittag einige unternehmende Wolken zusammen und versuchten einen kleinen Angriff; allein am Abend gaben sie schamrot den Versuch auf, und die Sonne ging siegreich unter. Einmal gelang es ihnen, sich zu einem Kumulus zu vereinigen, aber sie schienen wenig Vertrauen in sich zu setzen und hatten es sehr eilig. Im hastigen Vorüberschweben bekam das Sandfeld auch seinen Tribut, einige schwere Tropfen fielen auf das ausgedörrte Land, und jeder erzeugte eine kleine Staubwolke um sich her. Nach fünf Minuten hatte die gierige Sonne alles wieder aufgesogen. Bald war das ganze Land fußtief in ein feines Pulver verwandelt, das Kartoffelkraut nahm eine gelbgrüne Farbe an und legte sich. Jetzt musste ein schwerer, nachhaltiger Regen kommen, oder alles war verloren.

Das Quecksilber des Barometers, das wochenlang mit einer kleinen Kuppe geziert zu immer heitereren Höhen aufgestiegen war, fing plötzlich an zu sinken. Dann eines Mittags zog ein gewaltiges Gewitter herauf, blieb jedoch in der Ferne stehen und sandte nur einen mächtigen Sturm herüber. Allenthalben in der Weite sah man in dunklen Streifen den Regen aus dem Gewölk herniedergehen, nur hier war weiter nichts als das flatternde Ächzen der Bäume, und die Wege, welche in die Stadt führten, standen wie lange, wogende Staubmauern in der Landschaft.

Am Nachmittag konnte der Schneider es nicht länger aushalten und machte sich auf nach seinem Acker. Ein breiter gelblicher Streif zeigte sich ihm an der Stelle, wo er sonst hinter dem Feld den dunklen Wald zu sehen die

Berechtigung hatte. Schlimme Ahnung beflügelte seine Schritte, und als er nahe genug war, zeigte es sich, dass sie ihn nicht betrog.

Das Schrecklichste, das einem Menschen, der auf Sandfelder seine Hoffnung setzt, geschehen kann, war eingetroffen. Sein Acker befand sich auf Reisen. Mit dem fröhlichen Leichtsinn und der geringen Anhänglichkeit an die Heimat, welche diesem Boden eigen ist, benutzte er die günstige Gelegenheit, andere Gegenden und fremde Länder zu sehen, aufs Bereitwilligste.

Der arme Schneider stieg auf den Sandberg und schaute stumm in das grausige Treiben. Es war heute einer der Glanztage des kleinen Hügels; er konnte dann im Stolz auf seine Proteusnatur stets sagen: „Wer ist unter den Sterblichen, der mich kennt, wie ich jetzt bin, und wer unter ihnen dürfte es wagen zu behaupten, dass er mich kennen wird, wie ich morgen sein werde?" Er hatte seine Abnahme- und Zunahmetage, heute war das Letztere der Fall, und der Schneider saß bereits im wahren Sinne des Wortes auf den Trümmern seiner Hoffnung. Und der Wind heulte und wütete in dem fliegenden Feld, hier häufte er Sandwehen auf, die jede Spur von Grün verschlangen, dort entblößte er erbarmungslos die armen welken Pflanzen bis auf die Wurzel, und über dem Ganzen schwebte, stets wallend und wechselnd, die dichte, hohe gelbgraue Wolke. Am Abend, als es schon zu spät war, kam das Gewitter herauf, ein gewaltiger Platzregen entlud sich und jagte unter Donner und Blitz den armen durchnässten Schneider wieder nach Hause.

Von diesem Schlag erholte er sich nicht mehr. Hatte er sich nun bei dieser Gelegenheit erkältet, oder hatte Gemütsbewegung seine Gesundheit zerrüttet, er verfiel bald darauf in eine heftige Krankheit, und nach ein paar Tagen war er begraben. Aber selbst im Grabe hatte sein armer Geist keine Ruhe. Er umflatterte und umschwebte noch immer die Stätte seiner Sorge und seiner Schuld, und indem er die feinsten ätherischen Dünste aus der Luft an sich zog, verdichtete er sich allmählich zum Gespenst.

Es möchte an der Zeit sein, die vielfachen und bedauerlichen Irrtümer, welche über die Natur der Gespenster verbreitet sind, einmal näher zu beleuchten. Eine der rohesten Anschauungen lautet: Ein Gespenst ist eine Gestalt in einem weißen Bettlaken, welche nachts zwischen zwölf und ein Uhr Unfug treibt. Ich vermute, dass diese Fabel von einem Liebhaber erfunden ist, den sein Nebenbuhler des Nachts in dieser Vermummung durchgeprügelt hat. Schon der allgemeine Glaube, dass ein Gespenst sich an gewisse eng umschriebene Nachtstunden bindet, zeugt von einer betrübenden Unkenntnis der wirklichen Verhältnisse. Ich glaube des Dankes unserer verstorbenen Mitbürger, welche das Schicksal genötigt hat, sich diesem wenig befriedigenden Beruf zu widmen, gewiss zu sein, wenn ich die Ergebnisse meines eingehenden Studiums über die Natur und die Eigenschaften der Gespenster zur allgemeinen Kenntnis bringe. Vielleicht geschieht dies am besten, wenn ich ganz einfach in meiner Geschichte fortfahre und die weiteren Schicksale, welche den armen alten Schneider in seiner neuen Laufbahn trafen, ans Licht der Öffentlichkeit ziehe.

Sein Geist war also zu dem Anfang alles wirklichen Gespenstertums gelangt, er hatte wieder eine sichtbare Hülle angenommen. Diese Hülle war ein feiner ätherischer Dunst, der die Umrisse seines verstorbenen Körpers trug, und zwar mit der Kleidung, welche er im Hause zu tragen gewohnt war, die in Schlappschuhen, einem Paar Unterhosen, einer Flanelljacke und einer baumwollenen Zipfelmütze bestand. Man darf es glauben, es war ein recht armes, altes, kümmerliches Gespenst. Gar oft saß es an stillen, heißen Sommertagen auf dem kleinen Sandhügel auf den Wurzeln der alten knorrigen Kiefer und spähte nach seinem Schatten, der nicht vorhanden war. Ja selbst seinen eigenen Dunstkörper konnte es zu solcher Zeit nicht erblicken, und es gehört zu den niederdrückendsten Gefühlen von der Welt, dass man die ganze Umgebung ringsumher zu sehen vermag, nur die eigene Hand nicht, auch wenn man sie sich dicht vor die Augen hält. Nur in der Nacht bei Mondschein gegen einen dunklen Hintergrund gesehen, ward es sich und anderen sichtbar, auch leuchten die Gespenster mit einem matten phosphorigen Schimmer, der sich zur Nachtzeit offenbart. Aus diesen bis jetzt nicht bekannten Eigenschaften ist wahrscheinlich zu erklären, dass sich so viele irrige Meinungen über die Erscheinungszeit der Gespenster gebildet haben.

Die größte Plage für den armen Schneider war die Langeweile, die entsetzliche, bodenlose, ewige Langeweile, welche sich seiner bemächtigte. Ohne Schlaf, ohne Abwechslung, ewig Tag und Nacht ruhelos auf dem kleinen Sandfeld umhergetrieben, dehnten sich ihm die Stunden zu endloser Länge. Dazu ward er von gespenstischen Empfindungen seiner früheren menschlichen Neigungen geplagt. Er empfand zu den bestimmten Zeiten einen gespenstischen Hunger und Durst, eine gespenstische Müdigkeit, ohne das Vermögen zu haben, diese Triebe zu befriedigen.

Am Tage saß er, wie gesagt, gern auf dem kleinen Hügel und spähte dann in die Landschaft hinaus und zu der Stadt hinüber, die fern hinter dem Wiesengrunde zwischen Bäumen versteckt lag, oder er wanderte ruhelos an der längst verwehten Scheide, welche die beiden verhängnisvollen Äcker einst trennte, auf und ab. Die kleinen blauen Schmetterlinge, welche über dem Heidekraut ihr Wesen trieben, flogen ungehindert durch ihn hindurch, und eines Tages, als er gerade so stand, dass ein dürrer Zweig in seinen Leib hineinragte, kam ein kleiner Vogel geflogen, setzte sich auf diesen Zweig und sang. Das Tier saß genau in seinem Magen, ohne auch nur das Geringste davon zu bemerken.

Eine andere Pein für den armen Schneider war, dass niemals des Nachts ein Mensch in diese Gegend kam, welchem gegenüber er in seinem Beruf hätte arbeiten können. Wenn er auch nur ein armes, altes und sehr kümmerliches Gespenst war, so hatte er doch den Ehrgeiz seines neues Standes, und es hätte ihm wohl getan, was er im Leben nie erreicht hatte, nämlich einen Menschen fürchten zu machen, nach seinem Tode noch gelingen zu sehen. Aber die Gegend war wüst und einsam, es hatte am Tag niemand dort zu tun und noch weniger des Nachts. So kamen zu allem noch der nagende Kummer eines verfehlten Berufes und das niederschlagende Bewusstsein, für den besten Willen in der Welt ohne Anerkennung zu bleiben.

Aber die Zeit mag noch so langsamen Schneckenganges gehen – sie geht doch wenigstens, aus Wochen wurden Monate, aus Monaten Jahre, und immer noch schwebte das arme, alte Gespenst einsam, verlassen, ohne Anerkennung an dem alten Ort.

Doch endlich in einer wundervollen, mondhellen Sommernacht sollte der lang gehegte Wunsch in Erfüllung gehen. Der gespenstische Schneider saß gerade wieder auf seinem Hügel, da hörte sein feines Ohr im Wald ein Geräusch, und kurze Zeit darauf sah er eine menschliche Gestalt, vom Mond hell beleuchtet, auf das Sandfeld heraustreten. Die Gestalt schaute sich um und schritt dann auf den Hügel zu. Es schien ein Student zu sein, wie sich beim Näherkommen zeigte. Das Gespenst zitterte an allen Gliedern vor Aufregung, es machte sich so lang es konnte, versuchte sich ein wenig aufzublasen und bemühte sich, schrecklich zu sein. Infolgedessen sah es über alle Begriffe komisch aus. Das fand auch der lustige Student, denn er lachte, als er es erblickte, und rief: „Guten Abend, altes Gespenst, könnt Ihr mir nicht sagen, wo der Weg zur Stadt geht, ich habe mich verirrt!"

Das Schreckliche, was der arme Schneider im Geheimen gefürchtet hatte, das Jämmerlichste, welches seinem Stand begegnen konnte, war eingetroffen, der erste Mensch, welcher ihn sah, fürchtete sich nicht einmal vor ihm. Doch so leicht wollte er es nicht aufgeben, und noch einmal blies er sich auf, verzerrte seine Züge und begann feierlich auf den Studenten loszuschreiten. Doch dieser lachte wieder und sprach: „Ach lasst das nur, alter Herr, es kleidet Euch nicht. Ihr habt Euren Beruf verfehlt. Warum habt ihr kein anderes Metier ergriffen – als Gespenst werdet Ihr es nie zu etwas bringen!"

Das war zu viel für den armen Schneider, er stieß einen wehmütigen Klagelaut aus, sank auf eine Baumwurzel nieder und verbarg das Gesicht in beiden Händen. Der Student war eine mitleidige Seele.

„Was habt Ihr denn, altes Phantom?", fragte er liebreich und setzte sich zu ihm. „Wenn ich Euch helfen kann, so tue ich es gern, ich habe zu Berlin die Schwarzkunst studiert und fürchte mich vor nichts." Der Student redete ihm so freundlich zu, dass der arme alte Schneider das Gespenst der Rührung empfand und alles herunterbeichtete, was er auf der Seele hatte. Es war das erste Mal, dass er seine Schuld offenbarte. Und wie er sprach und sich selbst anklagte, ward seine Dunstgestalt immer blasser und blasser, und die letzten Worte erschallten nur noch wie aus leerer Luft. Das bloße Geständnis hatte ihn befreit. Dann hörte der Student es in einiger Entfernung aus den Lüften tönen: „Dank, Dank, du hast mich erlöst." Dann von Zeit zu Zeit, aus der Richtung, wo die Stadt lag, kam immer ferner und leiser ein Ruf: „Dank ... Dank ... Dank!" Zuletzt nur noch wie ein Hauch, dann war alles rundherum still.

Der Student saß lange nachdenklich auf dem Hügel und schaute der Richtung nach, wo er die Stimme zuletzt gehört hatte. Im Osten rötete sich der Himmel, und als die Sonne emporstieg und rings alles wieder im glänzenden Licht dalag, brach er einen Zweig von der alten Kiefer, steckte ihn an seine Mütze und wanderte auf die Stadt zu, welche im Schimmer der Morgensonne vor ihm lag.

Prosper Mérimée

Das Gesicht Karls XI.

Karl XI., der Vater des berühmten Karl XII., war ein Despot wie wenige der Herrscher Schwedens, aber er war auch einer der weisesten unter ihnen. Er beschnitt die ungeheuren Vorrechte des Adels, brach die Macht des Senats und setzte neue Gesetze in Kraft. Kurz, er schuf die Verfassung des Landes völlig neu und zwang die Stände, ihm die unumschränkte Macht zu übertragen. Ansonsten war er ein aufgeklärter, tapferer Mann, der sich fest zum lutherischen Glauben bekannte. Er war ein Mann von unbeugsamem, kaltem, nüchternem Charakter, und es mangelte ihm völlig an Einbildungskraft. Kurz vorher erst war seine Gattin Ulrike Eleonore gestorben. Obwohl man sagte, seine Härte gegenüber seiner Frau habe ihr Ende beschleunigt, traf ihn ihr Tod tiefer, als man es ihm zugetraut hatte. Seitdem war er noch verschlossener und düsterer als früher. Um seinen trüben Gedanken zu entgehen, stürzte er sich nun mit einem wahren Feuereifer auf seine Geschäfte.

An einem Herbstabend saß er noch spät in Hausmantel und Pantoffeln vor einem großen Feuer in seinem Arbeitszimmer im Schloss von Stockholm. Bei ihm waren sein Kämmerer, Graf Brahe, und sein Arzt Baumgarten. Karl hatte ihn am Abend rufen lassen, weil er sich unpässlich fühlte.

Es war schon sehr spät, und entgegen seiner Gewohnheit entließ der König die beiden nicht. Mit gesenktem Kopf verharrte er in tiefem Schweigen, unverwandt in die Flammen starrend. Zwar langweilten ihn die beiden, aber er fürchtete sich, ohne recht zu wissen, warum, allein zu bleiben.

Graf Brahe, der wohl merkte, dass er den König langweilte, hatte schon wiederholt gefragt, ob Seine Majestät nicht das Bedürfnis zu ruhen verspüre, doch eine Handbewegung des Königs hatte ihn jedes Mal in seinem Sessel zurückgehalten. Daraufhin fing der Arzt an, davon zu sprechen, wie schädlich Nachtwachen der Gesundheit seien, aber Karl stieß durch die Zähne hervor: „Bleibt, ich habe noch keine Lust zu schlafen!"

So versuchte man denn, ein Gespräch in Gang zu bringen, aber jedes Thema erschöpfte sich schon nach wenigen Sätzen. Es war ganz offenbar, dass sich Seine Majestät einer seiner düsteren Stimmungen überließ, und unter solchen Umständen muss der Höfling sich natürlich fügen.

Graf Brahe, der glaubte, dass die Traurigkeit des Königs mit dem kürzlichen Tod seiner Gattin zusammenhing, betrachtete eine Weile das Bild der Königin, das im Zimmer hing, seufzte dann tief und sagte: „Wie ähnlich doch das Bildnis ist! Ja, das ist dieser zugleich so majestätische und so sanfte Ausdruck."

Der König antwortete darauf nur kurz: „Pah! Das Bild ist sehr geschmeichelt. Die Königin war hässlich." Dann, über sich selbst ärgerlich, stand er auf und wanderte im Zimmer umher, um seine Erregung zu verbergen, die ihm die Schamröte ins Gesicht trieb. Am Fenster, das auf den Hof hinausging, blieb er stehen. Es war eine finstere Nacht, und der Mond war im ersten Viertel.

Karl bewohnte zu dieser Zeit noch das alte Schloss, das auf der Spitze des Ritterholms über dem Mälarsee steht, denn der Bau der neuen Residenz der Könige von Schweden war noch nicht vollendet. Das alte Schloss ist ein großes, in Hufeisenform angelegtes Gebäude. Das Arbeitszimmer des Königs befand sich an einem Ende. Fast gegenüber lag der große Saal, wo sich die Stände versammelten, wenn sie irgendeine Botschaft des Königs entgegennahmen.

Die Fenster dieses Saales schienen in diesem Augenblick hell erleuchtet. Dem König kam das sehr seltsam vor. Anfangs glaubte er, die Fackeln eines Lakaien erhellten den Raum, aber was hatte ein Lakai um diese Stunde in dem großen Saal zu suchen? Auch war das Licht viel zu lebhaft, als dass es von einer einzigen Fackel herrühren konnte. Man konnte fast meinen, eine Feuersbrunst erleuchtete den Saal, doch war kein Rauch zu sehen, und man hörte keinerlei Geräusche. Alles deutete darauf hin, dass der Raum beleuchtet wurde.

Ohne ein Wort betrachtete Karl das Fenster eine Weile. Inzwischen war aber Graf Brahe schon im Begriff, einem Pagen zu läuten, der die Ursache dieser Helligkeit erkunden sollte. Doch der König hinderte Graf Brahe daran. „Ich will selbst in den Saal gehen", sagte er. Noch während er diese Worte sprach, erbleichte er sichtlich, und sein Gesicht zeigte eine Art frommen Schrecken. Trotzdem verließ er das Zimmer mit festen Schritten. Graf Brahe und der Arzt folgten ihm, jeder mit einer angezündeten Kerze in der Hand.

Der Pförtner, der den Schlüssel hütete, war bereits schlafen gegangen. Baumgarten ging, um ihn zu wecken. Überrascht fuhr der Mann aus dem Schlaf; hastig warf er seine Kleider über und erschien schon bald mit dem Schlüsselbund vor dem König. Zunächst öffnete er die Tür zu einem Hallengang, der dem großen Saal als Vorzimmer diente. Der König trat ein. Aber wie erstaunte er, als er sah, dass alle Wände schwarz ausgeschlagen waren.

„Wer hat den Auftrag erteilt, diesen Saal so zu bespannen?", fragte er zornbebend.

„Sire", antwortete der Pförtner bestürzt, „soviel ich weiß, niemand. Und als ich das letzte Mal die Halle fegen ließ, war sie, wie immer, eichengetäfelt."

Schon war der König ins letzte Drittel des Ganges gelangt. Graf Brahe und der Pförtner hielten sich dicht hinter ihm. Nur Baumgarten war etwas zurückgeblieben. Er fürchtete sich vor den Folgen dieses seltsamen Abenteuers.

„Gehen Sie nicht weiter, Sire!", rief der Pförtner. „Bei meiner Seele, hier ist Hexerei am Werk. Um diese Stunde, heißt es, die Königin wandle in dieser Galerie ... Gott soll uns bewahren."

„Haltet ein, Sire!", rief seinerseits Graf Brahe. „Hört ihr nicht den Lärm, der aus dem Saal dringt? Wer weiß, welchen Gefahren sich Eure Majestät dort aussetzt."

„Sire", sagte Baumgarten, „gestatten Sie zumindest, dass ich Ihre Leibwache hole.

„Treten wir ein", sagte der König mit fester Stimme, und damit trat er vor die Pforte, die zum großen Saal führte.

„Und du, Pförtner, öffne die Tür!"

Er stieß mit dem Fuß gegen die Tür, und wie ein Kanonenschuss dröhnte es durch die Galerie. Der Pförtner zitterte so, dass der Schlüssel ans Schloss schlug, ohne dass er ihn hereinbringen konnte.

Nun befahl der König Graf Brahe, das Schloss zu öffnen.

„Sire", Graf Brahe wich einen Schritt zurück, „mögen mir Eure Majestät befehlen, mich auf dem Schlachtfeld allein dem Feinde zu stellen, ich würde gehorchen, aber hier befehlt ihr mir, die Hölle selbst herauszufordern."

Der König entriss dem Pförtner den Schlüssel. „Ich sehe wohl", sagte er verächtlich, „dass mich diese Sache allein angeht", und ehe noch seine Begleiter ihn hindern konnten, hatte er die schwere Eichenpforte geöffnet und trat mit den Worten „Mit Gottes Hilfe" in den Saal.

Seine drei Begleiter traten, von Neugier getrieben, die stärker war als ihre Furcht, mit ihm ein.

Der große Saal war von unzähligen Flammen erleuchtet. Eine schwarze Bespannung verhüllte die Figurentapete der Wände. Entlang der Wände reihten sich in gewohnter Ordnung deutsche, dänische und russische Fahnen, die Siegestrophäen von Gustav Adolfs Heer. Mitten unter ihnen sah man schwedische Banner, die von Trauerflor bedeckt waren.

Eine große Versammlung füllte die Bänke. Da saßen die Stände, als da waren der Adel, die Geistlichkeit, die Bürger und die Bauern. Alle waren schwarz gekleidet. Und die vielen menschlichen Gesichter, die sich leuchtend und weiß vom schwarzen Grund abzuheben schienen, blendeten die Augen dermaßen, dass keiner der vier Menschen auch nur ein einziges bekanntes Gesicht oder ein einzelnes Wesen ausmachen konnte.

Auf dem erhöhten Thron, von dem aus der König die Versammlung anzusprechen pflegte, sah man einen blutigen Leichnam, angetan mit allen Zeichen seiner königlichen Würde. Zu seiner Rechten stand ein Kind und hielt, die Krone auf dem Haupt, das Zepter in der Hand. Zur Linken stützte sich ein alter Mann auf den Thron. Er war mit einem festlichen Mantel bekleidet, den früher die Regenten Schwedens trugen.

Dem Thron gegenüber saßen vor einem Tisch, auf dem große Folianten und einige Pergamentrollen lagen, mehrere Personen in strenger und hoheitsvoller Haltung. Sie trugen lange schwarze Gewänder. Es schienen Richter zu sein. Zwischen dem Thron und den Bänken der Versammlung stand ein schwarz verhüllter Richtblock, und daneben lag ein Beil.

Niemand in der ganzen Versammlung schien die Anwesenheit Karls und seiner Begleiter wahrzunehmen. Als sie eintraten, vernahmen sie zunächst nur lautes Stimmengewirr, aus dem sie aber kein einzelnes Wort zu verstehen mochten.

Dann erhob sich der älteste der schwarz verhüllten Richter, der offensichtlich das Amt des Vorsitzenden innehatte, und schlug dreimal mit der Hand auf ein großes Buch, das geöffnet vor ihm lag. Augenblicklich herrschte tiefes Schweigen.

Einige gut aussehende junge Leute betraten, die Hände auf dem Rücken gefesselt, den Saal durch eine Tür gegenüber der Pforte, durch die Karl eingetreten war. Erhobenen Hauptes schritten sie vorwärts. In ihrem Blick lag Entschlossenheit. Hinter ihnen ging ein Mann von kräftiger Gestalt, der die Enden der Stricke hielt, die ihre Hände fesselten.

Der junge Mann an der Spitze der Gefangenen, offenbar der Bedeutendste von ihnen, blieb in der Mitte des Saales vor dem Richtblock stehen, den er mit einem Ausdruck der völligen Verachtung betrachtete. In diesem Augenblick schien der Leichnam auf dem Thron krampfhaft zu zucken; frisches, purpurrotes Blut rann aus seiner Wunde.

Der junge Mann kniete nieder und hielt sein Haupt hin: Das Beil blitzte in der Luft und fiel sogleich mit dumpfem Schlag herab. Ein Blutstrahl spritzte auf den Thron und vermischte sich mit dem Blut des Leichnams. Der Kopf aber rollte, mehrmals vom Pflaster aufschnellend, dem König vor die Füße, die er mit Blut besudelte.

Bis dahin hatte der König, stumm vor Staunen, geschwiegen, aber in diesem schauerlichen Augenblick löste sich seine Zunge. Er trat einige Schritte zum Thron hin, wandte sich an den alten Mann zur Linken und sprach kühn die wohl bekannte Formel: „Wenn du von Gott bist, rede; wenn aber von jenem andern, dann lass uns in Frieden."

Langsam und in feierlichem Ton antwortete der alte Mann: „König Karl, dieses Blut wird nicht unter deiner Herrschaft fließen ...", seine Stimme wurde undeutlich, „sondern fünf Herrscherfristen später. Unheil, Unheil, Unheil dem Blute Wasas!"

Dann begannen die Umrisse der zahlreichen Gestalten zu verschwimmen. Schon schienen sie nur noch farbige Schatten, und bald verschwanden sie gänzlich. Die Flammen erloschen, und die Kerzen in den Händen der Begleiter Karls beleuchteten nichts anderes als die alten Tapetenwände. Eine Weile noch hörte man wundersame Töne, dann erstarb jedes Geräusch. Die schwarzen Behänge, der abgeschlagene Kopf, das Blut, alles war mit einem Mal verschwunden. Nur Karls Pantoffel hatte einen roten Fleck behalten.

In sein Arbeitszimmer zurückgekehrt, ließ der König über das, was er gesehen hatte, ein Protokoll verfertigen, das er selbst und seine Begleiter unterzeichneten, und bis zum heutigen Tage hat niemand Zweifel an seiner Richtigkeit zu erheben gewagt.

Mark Twain

Eine Gespenstergeschichte

Ich mietete mir ein großes Zimmer hoch oben in Broadway, in einem großen alten Haus, dessen obere Stockwerke vor mir jahrelang völlig unbewohnt gewesen waren. Der Ort war lange dem Staub und den Spinnweben, der Einsamkeit und dem Schweigen überlassen geblieben. Es kam mir vor, als taste ich mich zwischen Gräbern dahin, als dringe ich in das Privatleben der Toten ein, als ich in der ersten Nacht in mein Quartier hinaufkletterte. Zum ersten Mal in meinem Leben überkam mich eine abergläubische Furcht; und als ich auf der Treppe um eine dunkle Ecke bog und mir das weiche Gewebe eines unsichtbaren Spinnennetzes ins Gesicht schwebte und sich darin festsetzte, da schauderte ich zusammen wie jemand, der einem Gespenst begegnet.

Ich war froh, als ich mein Zimmer erreicht hatte und dem Moder und der Finsternis die Tür vor der Nase zumachen konnte. Ein fröhliches Feuer brannte im Kamin, und ich setzte mich davor mit der behaglichen Empfindung der Erleichterung.

Zwei Stunden lang saß ich dort. Ich dachte dabei an vergangene Zeiten, rief mir frühere Erlebnisse in Erinnerung zurück und lud halbvergessene Gesichter aus dem Nebel der Vergangenheit zu mir ein, indem ich im Geiste Stimmen lauschte, die schon längst für alle Zeiten verstummt waren. Und als meine Träumerei zu einer immer schwermütigeren Trauer wurde, stimmten die heulenden Winde draußen ein sanftes Klagen an, das wütende Klatschen des Regens gegen die Fensterscheiben wurde zu ruhigem Anklopfen, und nach und nach erstarb auch der Lärm auf den Straßen, bis die eiligen Schritte eines verspäteten Nachzüglers in der Ferne verhallten und kein einziger Ton mehr zu hören war.

Das Feuer war herabgebrannt. Ein Gefühl der Einsamkeit beschlich mich. Ich stand auf und zog mich aus, wobei ich auf den Zehenspitzen im Zimmer umherging und nur verstohlen tat, was ich zu tun hatte, als ob ich von schlafenden Feinden umgeben wäre, deren Schlummer zu stören verhängnisvoll werden könnte. Ich ging ins Bett, deckte mich zu und lauschte still dem Regen, dem Wind und dem leisen Knarren ferner Fensterläden, bis sie mich in Schlaf lullten.

Ich schlief fest, aber wie lange, weiß ich nicht. Urplötzlich war ich wach und erfüllt von schaudernder Erwartung. Tiefes Schweigen ringsum. Nichts war zu vernehmen als das Klopfen meines Herzens. Da, nach einer Weile, begann die Bettdecke langsam fortzurutschen zum Fußende des Bettes hin, so als ob jemand an ihr zerrte. Ich konnte mich nicht rühren; ich vermochte keinen Laut hervorzubringen. Noch immer rutschte die Bettdecke fort, bis meine Brust unbedeckt war. Da erfasste ich sie mit großer Anstrengung und zog sie mir über den Kopf. Ich wartete, lauschte, wartete. Abermals begann das beharrliche Zerren, und abermals lag ich starr während eines Jahrhunderts sich träge hinschleppender Sekunden, bis meine Brust wieder nackt war. Endlich nahm ich all meine Energie zusammen, riss die

Decke an ihre Stelle zurück und hielt sie mit kräftigem Griff fest.

Ich wartete. Allmählich fühlte ich ein schwaches Zupfen, und ich griff wieder fester zu. Das Zupfen wurde kräftiger, steigerte sich zu heftigem Reißen – es wurde stärker und stärker. Ich musste die Decke loslassen, und zum dritten Mal schlüpfte sie fort. Ich stöhnte. Ein antwortendes Stöhnen kam vom Fußende des Bettes. Dicke Schweißtropfen standen mir auf der Stirn. Ich war mehr tot als lebendig.

Da hörte ich einen schweren Tritt in meinem Zimmer. Mir schien, es sei der Tritt eines Elefanten, dem eines menschlichen Wesens glich er nicht. Aber er entfernte sich von mir – darin lag einiger Trost. Ich hörte, wie er sich der Tür näherte, durch diese hinausging, ohne Riegel und Schloss zu bewegen, und die finsteren, trübseligen Gänge entlang sich entfernte, wobei auf die Dielen und Balkenfugen gedrückt wurde, bis sie beim Vorübergehen knarrten – und dann herrschte wieder tiefes Schweigen.

Als sich meine Aufregung gelegt hatte, sagte ich zu mir selbst:

„Das ist ein Traum – ein hässlicher Traum."

Und so lag ich da und dachte darüber nach, bis ich mich vollständig überzeugt hatte, dass es wirklich ein Traum war, und nun kam ein erleichtertes Lachen von meinen Lippen, und ich war wieder guter Dinge.

Ich stand auf und steckte Licht an. Als ich fand, dass Schlösser und Riegel sich in der Verfassung befanden, in der ich sie gelassen hatte, da lächelte ich wieder. Ich ergriff meine Pfeife, steckte sie an und war gerade im Begriff, mich vor das Feuer zu setzen, als mir die Pfeife aus den kraftlosen Fingern sank, das Blut meine Wangen verließ und mein ruhiges Atemholen von einem hastigen Luftschnappen abgelöst wurde. In der Asche vor dem Kamin, Seite an Seite mit dem Abdruck meiner eigenen nackten Füße, befand sich ein zweiter, der so ungeheuer groß war, dass im Vergleich damit der meine nur dem eines Kindes glich. Ich hatte also wirklich Besuch gehabt, und das Rätsel des Elefantentritts war gelöst.

Ich blies das Licht aus und kehrte, von Furcht wie gelähmt, ins Bett zurück. Dort lag ich lange Zeit, starrte in die Finsternis hinaus und lauschte. Da hörte ich ein scharrendes Geräusch über mir, wie wenn ein schwerer Körper über den Boden geschleift würde; darauf das Hinabwerfen des Körpers, dann das Erbeben meiner Fenster. In einem fernen Teil des Gebäudes hörte ich das dumpfe Zuschlagen von Türen. Ich vernahm, wie sich von Zeit zu Zeit Fußtritte verstohlen in die Gänge hinein- und hinunterschlichen. Zuweilen näherten sich diese Fußtritte meiner Tür, zauderten und entfernten sich dann wieder. Ich hörte in abgelegenen Gängen schwaches Klirren von Ketten und lauschte, während das Klirren näher kam, es mühsam die Treppe heraufkletterte und jede Bewegung mit dem losen Kettenende hörbar machte, da dieses mit kräftigem Rasseln auf die Stufen fiel. Ich hörte gemurmelte Sätze, halb ausgestoßenes Geschrei, das mit Gewalt unterdrückt zu werden schien, und das Schleifen unsichtbarer Gewänder und das Rauschen unsichtbarer Flügel.

Da kam mir zum Bewusstsein, dass man in mein Zimmer gedrungen war – dass ich nicht mehr allein war. Ich hörte es um mein Bett seufzen und atmen und geheimnisvoll flüstern. Drei kleine Kugeln von sanft phosphoreszierendem Licht erschienen an der Decke, gerade über meinem Kopf, setzten sich dort fest, glühten einen Augenblick, und dann fielen sie herab – zwei von ihnen auf mein Gesicht, die dritte auf das Kissen. Sie sprühten, waren flüssig und fühlten sich warm an. Die Erfahrung der Wissenschaftler sagte mir, dass sie sich im Herabfallen in Blutstropfen verwandelten – ich brauchte kein Licht, um mich davon zu überzeugen. Dann erblickte ich blasse, trüb erhellte Gesichter und weiße, emporgehobene Hände, die körperlos einen Augenblick in der Luft umherschwammen und dann verschwanden. Das Geflüster, die Stimmen und die Töne verstummten, und ein feierliches Schweigen trat ein. Ich wartete und horchte. Ich fühlte, dass ich Licht haben oder sterben müsse. Vor Furcht war ich schwach geworden.

Langsam erhob ich mich in eine sitzende Stellung – da kam mein Gesicht in Berührung mit einer klebrigen Hand. Alle Kraft verließ mich offenbar, und ich sank wie ein vom Schlage getroffener Kranker zurück. Dann vernahm ich das Rascheln eines Kleides – es schien sich der Tür zu nähern und hinauszugehen.

Als wieder alles still war, kroch ich krank und schwach aus dem Bett und steckte mit einer Hand, die zitterte, als wäre sie hundert Jahre alt, das Gas an. Das Licht brachte mein Gemüt in eine etwas bessere Verfassung. Ich setzte mich hin und versank in eine träumerische Betrachtung der großen Fußstapfen in der Asche. Allmählich begannen ihre Umrisse zu zittern und verschwammen. Ich blickte hinauf, da war die breite Gasflamme langsam am Verlöschen.

Im gleichen Augenblick hörte ich wieder den Elefantentritt. Ich bemerkte, wie er sich durch die muffigen Vorsäle näherte, immer näher, immer näher, und wie das Licht daraufhin trüber und trüber wurde. Der Tritt erreichte meine Tür und hielt inne – das Licht hatte sich in ein schwächliches Blau aufgelöst, und alles um mich herum lag in geisterhaftem Zwielicht. Die Tür wurde nicht geöffnet, und dennoch fühlte ich, wie ein schwacher Lufthauch meine Wangen fächelte, und bald darauf war ich mir bewusst, dass sich ein ungeheures, wolkiges Wesen vor mir befand. Ich beobachtete es mit meinen wie in Bann gehaltenen Augen. Ein blasses Glühen stahl sich über das Wesen; nach und nach nahmen seine wolkigen Falten Gestalt an – es erschien ein Arm, dann Beine, darauf ein Rumpf; endlich blickte ein großes, schwermütiges Gesicht aus dem Dunst hervor. Seiner Nebelhüllen entkleidet, nackt, muskulös und wohl gestaltet, erhob sich über mir der majestätische Riese von Cardiff.

All mein Elend verschwand – denn jedes Kind weiß, dass von diesem wohlwollenden Gesicht nichts Böses ausgehen kann. Meine heitere Laune kehrte augenblicklich zurück, und zugleich flammte das Gaslicht, als hätte es mit ihr sympathisiert, wieder hell auf. Niemals war ein einsamer Verbannter so froh, Gesellschaft willkommen heißen zu können, wie ich es war, dass ich diesen freundlichen Riesen begrüßen durfte. Ich sagte:

„Wie, ist es niemand anderes als du? Weißt du auch, dass ich mich während der letzten zwei, drei Stunden fast zu Tode geängstigt habe? Ich bin wirklich aufrichtig froh, dich zu sehen. Ich wollte, ich hätte einen passenden Stuhl ... Hier, hier, versuch es nicht, dich auf das Ding da zu setzen!"

Aber es war zu spät. Eh ich ihn zurückhalten konnte, hatte er sich darauf niedergelassen, und herab ging es mit ihm ... Niemals sah ich einen Stuhl so in Stücke fliegen!

„Halt, halt, du zertrümmerst mir alle ..."

Wieder zu spät. Abermaliges Krachen, und ein zweiter Stuhl hatte sich in seine Elemente aufgelöst.

„Zum Teufel, bist du nicht bei Sinnen? Willst du mir meine sämtlichen Möbel zertrümmern? Hier, hier du versteinerter Narr ..."

Aber es nützte nichts. Bevor ich ihn zurückhalten konnte, hatte er sich auf das Bett gesetzt, und augenblicklich war es eine Ruine.

„Ist das eine Art und Weise, sich zu benehmen? Erst kommst du und stolperst in meiner Wohnung herum und bringst eine Legion herumstrolchender Gespenster mit dir, auf dass sie mich zu Tode peinigen, und dann, da ich über eine Unzartheit im Kostüm hinwegsehe, welche von anständigen Leuten nirgendwo anders als in einem ehrbaren Theater, und auch dort nicht einmal, geduldet werden würde, wenn die Nacktheit deinem Geschlecht eigentümlich wäre, lohnst du mir meine Nachsicht damit, dass du mir sämtliche Möbel, die du finden kannst, durch deine Sitzversuche zertrümmerst. Und warum willst du dich denn absolut setzen? Du schädigst dich selbst ebenso sehr wie mich. Du hast dir das Ende deiner Wirbelsäule zerbrochen und den Boden mit Splittern deiner Schinken so bestreut, dass die Wohnung aussieht wie die Werkstätte eines Steinmetzen. Du solltest dich was schämen – du bist groß genug, um es besser zu wissen!"

„Nun, nun, ich will keine Möbel mehr zerschlagen. Aber was soll ich anfangen? Seit einem Jahrhundert habe ich keine Gelegenheit zum Sitzen gehabt."

Und die Tränen traten ihm in die Augen.

„Armer Teufel!", sagte ich. „Ich hätte nicht so barsch gegen dich sein sollen. Und vermutlich bist du noch obendrein eine Waise! Aber setz dich hier auf den Boden – nichts anderes vermag dein Gewicht auszuhalten –, zudem können wir uns nicht gemütlich unterhalten, wenn ich so zu dir hinaufblicken muss; ich muss dich hier unten haben, hier bei diesem hohen Kontorstuhl, auf den ich klettern will, um von Angesicht zu Angesicht mit dir zu plaudern."

Er setzte sich also auf den Boden, steckte sich eine Pfeife an, die ich ihm gab, warf sich eine meiner roten Decken über die Schultern, stülpte sich meine Badewanne nach Art eines Helmes auf den Kopf und machte es sich behaglich. Dann kreuzte er seine Beine, während ich das Feuer schürte, und setzte die platten Sohlen seiner ungeheuren Füße der angenehmen Wärme aus.

„Was hast du denn da an den Fußsohlen, dass sie so durchlöchert sind?"

„Verfluchte Frostbeulen – ich bekam sie bis zum Hinterkopf hinauf, als ich da unter Newalls Farm lag. Allein der Ort gefällt mir; ich liebe ihn, wie jemand seine alte Heimat liebt. Es gibt nirgends eine Ruhe für mich, die mir so gut bekommt wie die, welche ich dort genießen kann."

Wir plauderten noch eine halbe Stunde miteinander, da bemerkte ich, dass er müde aussah, und sagte es ihm.

„Müde?", sagte er. „Nun ja, wie kann's anders sein. Und nun will ich dir alles erzählen, was damit zusammenhängt, da du mich so gut behandelt hast. Ich bin der Geist des versteinerten Mannes, der da drüben über der Straße in dem Museum liegt. Ich bin der Geist des Riesen von Cardiff. Ich habe weder Ruhe noch Frieden, bis man diesen armen Leib wieder beerdigt haben wird. Was also war das Natürlichste, was ich tun konnte, um die Menschen zu bewegen, mir diesen Wunsch zu erfüllen? Du erschrickst! – An dem Orte spuken, wo der Körper lag! Und so spukte ich allnächtlich in dem Museum herum. Ich überredete sogar andere Geister, mir dabei behilflich zu sein. Aber damit war nichts erreicht, denn noch niemals ist jemand um Mitternacht ins Museum gekommen. Da bekam ich den Einfall, über die Straße zu gehen und hier in diesem Hause ein bisschen zu spuken. Ich fühlte, dass ich Glück haben müsse, wenn ich Gehör fände, denn ich hatte die wirksamste Gesellschaft bei mir, welche die Hölle nur liefern konnte. Nacht für Nacht sind wir, vor Kälte schaudernd, durch diese moderigen Zimmer gewandert, haben Ketten geschleppt, gestöhnt, geflüstert, sind die Treppen hinauf- und hinuntergetrampelt, bis ich, offen gestanden, vor Erschöpfung ganz matt war. Aber als ich heute Nacht in deinem Zimmer Licht sah, raffte ich alle meine Kräfte noch einmal zusammen und kam mit einem Teil der alten Frische hierher. Allein ich bin ganz ermüdet – vollständig erschöpft. Gib mir, ich bitte dich dringend, gib mir einige Hoffnung!“

Ich sprang mit einem Ausbruch von Erregtheit von meinem erhabenen Sitz herunter und rief aus:

„Das überschreitet jedes Maß und alles, was bisher geschehen! Ei, du armes, altes, herumirrendes Fossil, du hast dir ganz umsonst all die Mühe gegeben. Du hast wegen eines Gipsabgusses von dir herumgespukt – der wahre Riese von Cardiff befindet sich in Albany! Zum Teufel, kennst du deine eigenen Überreste nicht?“

Niemals habe ich eine Miene so voll beredter Scham, so voller bedauernswerter Demütigung gesehen, wie sie sich hier über sein ganzes Gesicht verbreitete.

Der versteinerte Mann erhob sich langsam, stellte sich auf seine Füße und sagte:

„Aufrichtig, ist das wahr?"
„So wahr ich hier sitze."
Er nahm die Pfeife aus dem Mund und legte sie auf den Kaminsims, dann stand er einen Augenblick unentschlossen, wobei er unbewusst, nur aus alter Gewohnheit, seine Hände dahin brachte, wo seine Hosentaschen hätten sein sollen. Gedankenvoll ließ er das Kinn auf die Brust sinken und sprach endlich:
„Nun – nie in meinem Leben kam ich mir so albern vor wie jetzt. Der versteinerte Mann hat alle Welt zum Narren gehalten, sogar seinen eigenen Geist. Mein Sohn, wenn in deinem Herzen noch ein Funken von Mitleid ist für ein armes, freudloses Gespenst wie mich, so lass diesen Vorfall nicht unter die Leute kommen. Bedenke, wie dir zu Mute sein würde, wenn du eine so eselhafte Dummheit begangen hättest!"
Ich hörte, wie er majestätisch die Treppe hinunterging und hinaus auf die verlassene Straße schritt. Das Geräusch seiner Tritte wurde immer schwächer, und ich fühlte mich traurig, dass er fortgegangen war, der arme Teufel – und noch trauriger darüber, dass er meine rote Decke und meine Badewanne mitgenommen hatte.

John Kendrick Bangs

Das Wassergespenst von Harrowby Hall

Es war schlimm genug, dass es in Harrowby Hall spukte, aber noch viel ärger war es, dass der Geist nicht nur neben dem Bett des ahnungslosen Opfers erschien, sondern eine volle, endlose Stunde im Zimmer blieb, ehe er endlich verschwand.

Das Gespenst erschien nur am Weihnachtsabend, und zwar sobald die Uhr Mitternacht schlug. Die Besitzer von Harrowby Hall hatten ihr Möglichstes getan, um sich die nasse, tropfende Geisterdame vom Hals zu schaffen, die um Mitternacht aus dem Fußboden des allerbesten Gästezimmers auftauchte, aber es war ihnen bislang nicht gelungen. Sie hatten versucht, den Uhrzeiger anzuhalten, damit die Geisterdame nicht wüsste, wie spät es sei, aber sie kam trotzdem. Und sie ging erst dann, wenn sie alles in ihrer Umgebung ganz und gar überschwemmt und mit Wasser getränkt hatte.

Die Besitzer von Harrowby Hall hatten jede Fuge im Fußboden mit Hanf verstopft und mit Teer verschmiert und über das Ganze noch Segeltuch gelegt; sie hatten die Wände wasserfest abgedichtet, ebenso die Türen und Fenster, sodass die Dame keine Ritze mehr finden konnte, durch die sie hätte hereinfließen können, aber das nützte alles nichts.

Am nächsten Weihnachtsabend erschien sie, pünktlich wie immer, setzte sich neben den Gast, der in dem besten Schlafzimmer wohnte, und starrte ihn mit hohlen blauen Augen an, bis er vor Schreck fast das Bewusstsein verlor. Zwischen ihren langen, knochigen Fingern waren Algen und Tang verflochten, und mit den herunterhängenden tropfenden Enden strich sie dem Opfer über die Stirn, bis es ohnmächtig wurde. So fand man den Gast am nächsten Morgen im Bett: völlig von Meereswasser durchweicht und von Entsetzen halb gelähmt.

Im folgenden Jahr beschloss der Besitzer von Harrowby Hall, dieses schönste Gästezimmer nicht zu benützen und versperrt zu halten. Die Geisterdame erschien wie gewöhnlich im Zimmer – sie musste wohl dort gewesen sein, denn am nächsten Tag tropften die Vorhänge vor Nässe. Da die Dame aber niemanden in dem Raum fand, brach sie sogleich auf, um dem Besitzer von Harrowby Hall selbst ihre Aufwartung zu machen. Sie fand ihn in seinem gemütlichen Zimmer, wo er sich gerade dazu beglückwünschte, wie gut er sie überlistet hatte.

Plötzlich ergoss sich ein Wasserschwall über ihn, und er war so nass, als wäre er in die Regentonne gefallen. Als er die Dame mit den hohlen blauen Augen und tangbehangenen Fingern vor sich sah, erbleichte er gleichfalls, fiel aber nicht in Ohnmacht, weil das viele Wasser, das ihm über Kopf und Gesicht rann, ihn wieder belebte.

Nun war es aber so, dass der Herr von Harrowby ein tapferer Mann war. Er wollte einiges herausfinden, das zu erfahren er für sein gutes Recht hielt. Er hätte gern vorher trockene Kleider angezogen, aber die Geisterdame weigerte sich, das Zimmer zu verlassen, bevor die Stunde um war. So trat er an den Kamin, um sich zu wärmen. Das war jedoch ein unglücklicher Einfall, denn der Geist folgte ihm eilig nach und löschte dabei das Feuer aus.

Der Hausherr wandte sich ärgerlich um und sagte: „Es liegt mir fern, mich einer Dame gegenüber unhöflich zu benehmen, aber ich wünschte, Sie würden von Ihren grausigen Besuchen in diesem Hause Abstand nehmen. Setzen Sie sich ans Seeufer, wenn Sie gern Wasser haben, baden Sie in der Regentonne, wenn Sie wollen, aber kommen Sie nicht in das Haus eines ehrsamen Mannes, und durchnässen Sie nicht ihn und sein ganzes Haus, wenn ich bitten darf!"

„Henry Hartwick Oglethorpe", sagte der Geist mit glucksender Stimme, „du weißt nicht, wovon du sprichst. Ich muss in diesem Haus spuken, und zwar Jahr für Jahr. Das ist mein Schicksal. Es macht mir kein Vergnügen, in dieses Haus zu kommen und alles, was ich berühre, zu ruinieren. Ich habe nie danach verlangt, eine Dusche zu sein, aber es ist nun einmal meine Bestimmung. Weißt du, wer ich bin?"

„Nein", antwortete der Herr von Harrowby. „Ich würde sagen, Sie sind die Dame vom See."

„Nein, ich bin das Wassergespenst von Harrowby Hall, und ich versehe diesen höchst unangenehmen Dienst heute auf den Tag genau seit zweihundert Jahren."

„Aber wie zum Kuckuck haben Sie diesen Dienstposten bekommen?", fragte der Herr von Harrowby.

„Durch eine Jugendtorheit", antwortete die Geisterdame. „Ich bin der Geist des blonden Mädchens, dessen Bild über dem Kamin im Salon hängt."

„Aber wie ist es dazu gekommen?"

„Es war nicht meine Schuld", antwortete die Dame.

„Es war die Schuld meines Vaters. Er hat Harrowby Hall erbaut. Und der Raum, in dem ich spuke, sollte mein Zimmer werden. Mein Vater richtete alles in Rosa und Gelb ein, und er wusste doch genau, dass Blau und Grau die einzige Farbkombination war, die ich aushalten konnte. Er tat es absichtlich, um mich zu quälen, und ich weigerte mich, diesen Raum zu betreten. Da antwortete mein Vater, ich sollte entweder darin wohnen oder draußen auf dem Rasen. Welche der beiden Möglichkeiten ich wählte, sei ihm egal. In dieser Nacht rannte ich aus dem Haus und sprang über die Klippen ins Meer."

„Das war töricht", sagte der Herr von Harrowby Hall.

„Ich weiß", antwortete der Geist. „Aber ich habe nicht begriffen, was ich tat, bis zu dem Augenblick, als ich ertrank. Nachdem ich eine Woche lang ertrunken war, kam eine Wassernymphe und erklärte mir, dass ich von nun an zu ihrem Gefolge gehörte. Meine Bestimmung sei es, jedes Jahr in der Weihnachtsnacht eine Stunde lang in Harrowby Hall zu spuken, für alle Ewigkeit, in ebendiesem Raum, sofern jemand darin wohnt. Falls niemand darin sein sollte, dann muss ich diese eine Stunde mit dem Hausherrn von Harrowby verbringen."

„Ich werde das Haus verkaufen!"

„Das kannst du nicht tun, denn ich muss dann auch jedem Käufer erscheinen und ihm das grausige Geheimnis des Hauses verraten."

„Wollen Sie damit sagen, dass Sie an jedem Weihnachtsabend bei mir spuken werden, wenn nicht zufällig ein Gast in Ihrem Zimmer wohnt? Wollen Sie mich mit Ihrem Spuk verfolgen, wo immer ich bin, und mich mit Wasser begießen und mein Feuer auslöschen und mich durch und durch einweichen?"

„Ja, Oglethorpe", sagte der Wassergeist. „Es spielt überhaupt keine Rolle, wo du bist: Wenn jenes Zimmer leer ist, werde ich dich mit Wasser überschwemmen, wo immer du bist, mit meiner bloßen Gegenw..."

In diesem Augenblick schlug die Uhr eins, und der Geist entschwand. Es war eher ein Wegrinnen als ein Entschwinden, aber er war weg.

„Beim heiligen Georg und seinem Drachen!", schrie der Herr von Harrowby. „Ich schwöre, am nächsten Weihnachtsabend wird jemand in diesem Zimmer wohnen, oder ich verbringe die Nacht in der Badewanne!"

Aber am nächsten Weihnachtsabend lag der Herr von Harrowby Hall bereits im Grabe. Er hatte sich von der Erkältung, die er sich in jener schrecklichen Nacht zugezogen hatte, nicht mehr erholt. Harrowby Hall blieb leer, der Erbe des Besitzers wohnte in London. Und zur festgesetzten Stunde kam der Wassergeist zu ihm in seine Wohnung. Der Erbe war jünger und stärker, er überlebte den Schreck. Aber alles in seiner Wohnung war zerstört, die Uhren wurden rostig, eine wunderschöne Sammlung Aquarellzeichnungen wurde völlig ausgewaschen. Und weil in der Wohnung unter ihm das Wasser in Strömen über die Wände lief und den Fußboden in einen See verwandelte, wurde dem jungen Mann auf der Stelle von seiner Wirtin gekündigt.

Die Geschichte von dem Familiengespenst hatte sich verbreitet, niemand lud den jungen Mann zu einer Gesellschaft ein, außer nachmittags zum Tee; und die Väter von Töchtern erlaubten ihm nicht, länger als bis acht Uhr abends in ihrem Hause zu verweilen.

Der Erbe von Harrowby Hall beschloss also, dass da etwas geschehen müsste.

Zuerst überlegte er, ob er den Kamin im Zimmer vergrößern sollte, sodass der Geist in der Hitze verdampfte. Aber dann erinnerte er sich, was seinem Vater mit dem Feuer passiert war. Zum Glück fielen ihm Dampfrohre ein. Dampfrohre konnten metertief im Wasser liegen und dabei noch heiß genug sein, um all das Wasser in Dampf zu verwandeln. So heizte er das Zimmer mit Dampf so heiß, dass man fast darin verschmachtete.

Aber er hatte nur teilweise Erfolg. Die Wassergeistdame erschien pünktlich, aber sie verkürzte ihren Besuch um nicht mehr als fünf Minuten, und während dieser Zeit wurde der junge Herr in der Hitze beinahe gedünstet. Die Tapeten warfen sich, die Möbel verbogen sich. Aber das Schlimmste kam noch: Als der letzte Tropfen der Wasserdame am Fußboden langsam dahinbrutzelte, zischte sie ihm zu, dass es dort, wo sie herkäme, Wasser genug gäbe, und im nächsten Jahr würde sie wieder voll gesogen und nässer sein als je zuvor.

Da fiel dem Erben von Harrowby Hall ein weiteres Mittel ein, und zwar genau das andere Extrem.

Der junge Mann besorgte sich eine Garnitur warmer Flauschwäsche. Er trug sie mit der flauschigen Seite nach innen und zog darüber ein eng anliegendes Gummigewand. Dann folgte eine warme Wollhülle und zuletzt wieder ein Anzug aus Gummi. Über den Kopf stülpte er einen leichten, bequemen Taucherhelm. So bekleidet, erwartete er am nächsten Weihnachtsabend das Kommen seines Quälgeistes.

Es war eine bitterkalte, windstille Nacht an diesem 24. Dezember. Die Temperaturen lagen unter null Grad. Nichts regte sich im Haus. Die Dienerschaft von Harrowby Hall erwartete klopfenden Herzens den Feldzug ihres Herrn gegen den übernatürlichen Gast.

Der Hausherr selbst lag auf dem Bett im Gespensterzimmer, gekleidet wie vorgehabt, und wartete ...

Die Uhr schlug zwölf.

Plötzlich knallten Türen, ein kalter Windstoß fegte durch das Haus. Die Tür zum Spukzimmer flog auf, ein Plätschern – und schon stand der Wassergeist neben dem Bett des Erben von Harrowby Hall! Sogleich rann das Wasser in Strömen über ihn, aber tief unter seinen verschiedenen Kleidungsschichten war er trocken und warm, wie er sich's nur wünschen konnte.

„Ha", sagte der junge Herr von Harrowby. „Ich freue mich, Sie wiederzusehen!"

„Du bist der sonderbarste Mensch, den ich je getroffen habe", antwortete die Wasserdame. „Darf man fragen, wo du diesen Hut herhast?"

„Gewiss, Madam", erwiderte der Herr höflich. „Es ist ein kleines, tragbares Wetterschutzhäuschen, das ich mir für Notfälle wie diesen verschafft habe. Aber sagen Sie mir, müssen Sie wirklich eine ganze Stunde lang in meiner Gegenwart verweilen, wo immer ich bin?"

„Das ist mein Schicksal", antwortete die Dame.

„Wir gehen hinaus zum See", erklärte der Hausherr und erhob sich.

„So wirst du mich nicht los!", erwiderte der Geist. „Das Wasser wird mich nicht verschlingen, im Gegenteil, es lässt mich noch mehr anschwellen!"

„Wir gehen trotzdem hinaus zum See."

„Aber mein lieber Herr", sagte der Geist, „es ist schrecklich kalt draußen. Du wirst erfrieren, bevor zehn Minuten um sind!"

„O nein, das werde ich nicht", antwortete der Hausherr. „Ich bin gut warm angezogen. Kommen Sie!" Er befahl das so scharf, dass der Geist erschauerte.

Sie brachen auf.

Sie waren noch nicht weit gegangen, als die Geisterdame Zeichen des Unbehagens von sich gab.

„Du gehst viel zu langsam!", sagte sie. „Ich friere ja ein! Beeile dich doch, ich bitte dich!"

„Ich sollte mich einer Dame gegenüber gefällig zeigen", sagte der Hausherr höflich, „aber meine Kleider sind sehr schwer. Ich kann nicht mehr als hundert Meter in einer Stunde zurücklegen. Ja, ich glaube, wir sollten uns lieber auf diese Schneewächte setzen und ein wenig plaudern."

„Nein, tun Sie das nicht, tun Sie das bitte nicht, ich flehe Sie an!", schrie der Geist. „Gehen wir weiter! Ich fühle mich schon ganz starr und steif! Wenn wir hier stehen bleiben, friere ich zu Eis!"

„Ja, Madam", sagte der Hausherr langsam und setzte sich auf einen kleinen Schneehügel. „Das ist der Grund, warum ich Sie hergebracht habe. Wir sind jetzt zehn Minuten hier, und wir haben noch weitere fünfzig Minuten vor uns. Lassen Sie sich Zeit, Madam, aber frieren Sie ein. Das ist alles, was ich von Ihnen verlange."

„Ich kann meinen rechten Fuß nicht mehr bewegen!", rief der Geist verzweifelt. „Und mein Mantel ist schon eine Eisschicht! Oh, lieber guter Oglethorpe, zünden Sie ein Feuer an, und schmelzen Sie mir diese meine Fesseln aus Eis!"

„Niemals, Madam, das geht nicht. Sie sind in meiner Gewalt!"

„Ach!", schrie der Geist, und eine Träne rann über seine gefrorene Wange. „Helfen Sie mir doch, bitte, ich erstarre zu Eis!"

„Erstarren Sie, Madam, erstarren Sie!", sagte Mr

Oglethorpe kalt. „Sie sind durch und durch mit Wasser voll gesogen; und Sie haben mich und meine Vorfahren und unser Haus zweihundertunddrei Jahre lang überschwemmt. Heute haben Sie Ihre letzte Überschwemmung vollbracht!"

„Aber ich werde wieder auftauen, und dann werden Sie was erleben! Ich werde nicht mehr so angenehm warm und wohltuend sein, wie ich es immer war, sondern aus Eiswasser!", rief die Dame drohend.

„Das werden Sie nicht", antwortete Oglethorpe. „Denn wenn Sie ganz starr gefroren sind, schicke ich Sie ins Kühlhaus. Dort bleiben Sie für alle Ewigkeit."

„Kühlhäuser können abbrennen!"

„Ja, aber dieses kann niemals brennen. Es ist aus Asbest gebaut, und rundherum sind lauter feuerdichte Wände. Und innen ist die Temperatur 200 Grad unter null. Bei dieser Kälte frieren sogar die Flammen zu Eiszapfen", fügte der Hausherr hinzu und kicherte.

„Zum letzten Mal, ich bitte Sie, ich flehe Sie an! Ich würde auf die Knie fallen, wenn sie nicht schon eingefroren wären. Bitte lassen Sie mich nicht erfr..."

Jetzt gefroren sogar die Worte auf den Lippen des Wassergeistes, und die Uhr schlug eins. Ein Zittern lief durch die Eisdame. Der Mond kam hinter einer Wolke hervor und schien auf eine wunderschöne Frauengestalt, die aus kristallklarem Eis gemeißelt war. Da stand der Wassergeist von Harrowby Hall gebannt durch die Kälte, für alle Zeiten ein Gefangener des Eises. Der Erbe von Harrowby hatte zuletzt doch den Sieg davongetragen, und heute, in einem großen Gefrierhaus in London, steht die gefrorene Figur des Wassergespenstes, das nie wieder das Haus Oglethorpe mit Weh und Wasser überschwemmen wird.

Quellenverzeichnis

Der Junge, der immer Katzen zeichnete.
Japanisches Märchen, nacherzählt von Friedl Hofbauer,
aus: Die Uhr schlägt Mitternacht. Haarsträubende Gespenstergeschichten. Hrsg. von Käthe Recheis.
© K. Thienemann Verlag, Stuttgart/Wien 1988.

M. R. James, *Eine Schulgeschichte,*
aus: 13 Geistergeschichten. st 1705.
© Suhrkamp Verlag, Frankfurt am Main 1990.
Übersetzung: Otto Knörrich. „Eine Schulgeschichte", S. 56–63.

Enid Bagnold, *Das verliebte Gespenst.*
Aus dem Englischen von Peter Naujack,
aus: Gespenster. Hrsg. von Mary Hottinger.
© Diogenes Verlag AG, Zürich 1956.

Knut Hamsun, *Ein Gespenst.*
Aus dem Norwegischen von Mathilde Mann und J. Sandmeier,
aus: ders., Die Novellen.
© Langen Müller in der
F. A. Herbig Verlagsbuchhandlung GmbH, München.

Algernoon Blackwood, *Geheimnis im Zimmer nebenan.*
Aus dem Englischen von Friedl Hofbauer,
aus: Schlag zwölf beginnt die Geisterstunde. Grusel- und Gespenstergeschichten. Hrsg. von Käthe Recheis.
© K. Thienemann Verlag, Stuttgart/Wien 1988.

André Maurois, *Das Haus.*
Aus dem Französischen von Christoph Graf von Schwerin,
aus: ders., Jahrmarkt in Neuilly.
© nymphenburger in der
F. A. Herbig Verlagsbuchhandlung GmbH, München.

Agatha Christie, *Die Lampe,*
aus: ders., Ein diplomatischer Zwischenfall/SC 880,
Bern/München 1967.
© deutsche Rechte bei Scherz Verlag,
Bern und München.

William Fryer Harvey, *Nacht über dem Moor,*
Aus dem Englischen von Peter Naujack.
aus: Gespenster. Hrsg. von Mary Hottinger.

Charles Dickens, *Das Gespenst im Aktenschrank,*
aus: Die Pickwickier.

Frances Garfield, *Die Party,*
Aus dem Englischen von Regina Rawlinson.
aus: Die Gruselgeschichten des Jahres.
Hrsg. von Karl Edward Wagner.

Richard Middleton, *Auf der Landstraße,*
Aus dem Englischen von Peter Naujack,
aus: Gespenster. Hrsg. von Mary Hottinger.

Heinrich Seidel, *Das arme alte Gespenst,*
aus: Wolfgang Ecke (Hrsg.), Geister, Spuk und Nachtgespenster.
Ravensburger Buchverlag Otto Maier GmbH.

John Kendrick Bangs, *Das Wassergespenst von Harrowby Hall.*
Aus dem Englischen von Anna Meloch,
aus: Schlag zwölf beginnt die Geisterstunde. Grusel- und
Gespenstergeschichten. Hrsg. von Käthe Recheis.